高校教育教学改革与管理模式创新研究

方小娟 著

科学技术文献出版社
SCIENTIFIC AND TECHNICAL DOCUMENTATION PRESS
·北京·

图书在版编目（CIP）数据

高校教育教学改革与管理模式创新研究 / 方小娟著.
北京：科学技术文献出版社，2024. 10. -- ISBN 978-7-5235-1939-4

Ⅰ. G649.21; G647.3

中国国家版本馆 CIP 数据核字第 2024BT1485 号

高校教育教学改革与管理模式创新研究

| 策划编辑：胡　群　　责任编辑：王　培　　责任校对：宋红梅　　责任出版：张志平 |

出 版 者	科学技术文献出版社
地　　　址	北京市复兴路15号　邮编 100038
出 版 部	（010）58882952，58882087（传真）
发 行 部	（010）58882868，58882870（传真）
官 方 网 址	www.stdp.com.cn
发 行 者	科学技术文献出版社发行　全国各地新华书店经销
印 刷 者	北京九州迅驰传媒文化有限公司
版　　　次	2024 年 10 月第 1 版　2024 年 10 月第 1 次印刷
开　　　本	710×1000　1/16
字　　　数	198千
印　　　张	14.75
书　　　号	ISBN 978-7-5235-1939-4
定　　　价	58.00元

版权所有　违法必究

购买本社图书，凡字迹不清、缺页、倒页、脱页者，本社发行部负责调换

前　言

在当前这个快速演变的时代，高校的教育与管理工作正发挥着日益重要的作用。作为人才培养和社会革新不可或缺的一环，高校教育的教学质量与管理效能直接影响着国家的长远发展和前景。本书致力于全面剖析高校教育与管理的基础理论体系，同时探讨其所面临的考验与潜在的发展契机。

第一章首先深入探讨了高校教育教学与管理的本质与特征，阐明其核心职责与独特标识，引领读者深刻洞察高等教育的真谛；其次追溯高校教育教学管理理念的演变历程，剖析其背后的思维轨迹与时代变迁，揭示教育理念的演进脉络；最后将目光投向高校教育教学改革与管理创新的前沿，紧扣时代脉搏，探讨行之有效的革新策略，以期激发教育活力，满足社会变革的需求。

第二章则聚焦于高校教育教学中学生管理的创新实践，全面审视学生管理的重要性与现状。在对管理能力的剖析中，我们深入挖掘学生管理的关键要素与必备技能，旨在培养能够从容应对复杂挑战的高素质学生管理者。然后分享了高校学生管理的创新举措，通过一系列前沿案例与实际操作建议，为读者提供灵感与启示，促进学生管理效能的全面提升。

第三章集中探讨了高校教育教学中教师管理的创新，全面梳理了教师教育教学管理的概貌及其发展历程。该章深入剖析高校教师的职业成长轨迹，引导读者发现个人职业发展与机构战略目标之间的协同效应。同时，我们重点关注高校教师教学改革的激励机制，旨在激发教师的内在动力和创新精神，从而促进教学品质的飞跃。最后，提炼总结了高校教师管

理创新的策略与方法，为教育管理者和教师提供宝贵的实践指导和智慧启迪。

第四章细致探究了高校教育在数字化转型背景下的教学模式创新，展现了信息化时代高校教育教学的前沿趋势及面临的课题。该章着重介绍了数字化教学资源与平台的构建，以期优化教学流程，提升教育成效。同时，深入探索数字化教学方法，旨在促进理论知识与实践操作的无缝对接。最后，通过推行数字化教学模式，推动高等教育朝着更加智能化与个性化的方向迈进，以满足学生多样化学习需求。

第五章基于高校教育教学领域中MOOC（大规模开放在线课程）模式的创新探索，阐述了MOOC模式的内涵及其广阔的发展前景。该章剖析了高校教育教学与MOOC模式的结合，发掘信息技术在教育革新中的无限可能。同时，深入考察了MOOC模式在高等教育教学中的具体应用，为教学体系的现代化改革及学习成效的增强开辟全新的路径。

第六章着眼于新时代背景下高校教育教学改革与管理的实践研究。该章通过创新性实践，寻找契合时代的教育与教学新范式；在实践研究的框架下，挖掘高校教育教学管理的可行方案，促进教师能力与教学品质的双重跃升。同时，依托一系列对实践案例的剖析，该章深入探讨了高校教育教学管理的最佳实践策略，为读者奉上一套实用的管理策略与操作指南。

置身于新时代的浪潮中，高校的教育教学正经历着史无前例的转型与考验。随着数字化教学与MOOC模式的蓬勃兴起，传统教育模式迎来了革命性的创新机遇，同时也对高校的管理者与教育从业者提出了更高的创新与优化要求。本书围绕这一核心议题，融合理论洞见与实践案例，为高等教育领域的改革与管理策略提供深刻的洞察与实用的指导。

希望本书能够激发高校决策者、一线教育人员及教育研究学者对未来教育的深度思考，推动教学质量与效率的持续提升，共同引领高等教育走向更加辉煌灿烂的明天。

目 录

第一章 高校教育教学与管理的基础理论 1
    第一节 高校教育教学与管理的本质及其特征 3
    第二节 高校教育教学管理理念及其发展变化 9
    第三节 高校教育教学改革与管理方法的创新 20

第二章 高校教育教学中的学生管理创新 31
    第一节 高校学生管理概述 33
    第二节 高校学生管理能力解析 52
    第三节 高校学生管理的创新措施 73

第三章 高校教育教学中的教师管理创新 81
    第一节 高校教师教育教学管理概述 83
    第二节 高校教师职业发展路径探索 95
    第三节 高校教师教学改革激励体制 108
    第四节 高校教师管理创新发展策略 113

第四章 高校教育数字化教学模式创新研究 123
    第一节 高校数字化教学资源建设与平台打造 125
    第二节 高校数字化教学方法探索与理论总结 137
    第三节 高校数字化教学模式创新与实施路径 146

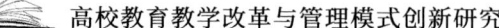

第五章 高校教育教学 MOOC 模式创新研究 151
    第一节 MOOC 模式概述 153
    第二节 高校教育教学与 MOOC 模式的结合 166
    第三节 高校教育教学中 MOOC 模式的应用 194

第六章 新时代高校教育教学改革与管理的实践研究 199
    第一节 新时代高校教育教学改革的创新实践 201
    第二节 新时代高校教育教学管理的实践研究 216

参考文献 225

第一章 高校教育教学与管理的基础理论

第一节　高校教育教学与管理的本质及其特征

一、高校教育教学与管理的作用和功能

高校教育教学与管理的核心作用和功能，实质上是教学活动的宗旨与责任，其主要来源于三大需求方向：教师的职业追求、学生的成长渴望及社会的发展诉求。过去，受制于教育的社会本位观念，尤其在一些采取集权管理模式的国家中，高校的教学与管理功能往往被赋予浓重的国家色彩，教师被视为国家对学生进行教育和塑造的媒介，学生则成了被动接受教育的对象。然而，随着高等教育的普及与深化，以及教育受众的不断扩大，原先的社会本位教育功能逐渐淡化，"以人为本"的教育理念日益凸显，占据主导地位。因此，教学活动的目标设定应当兼顾两大主体——教师与学生。教师通过传授知识，不仅能促进学生专业技能的提升，也能推动自身学术研究的深化，实现个人价值与职业满足感。学生则基于对社会期望、个人兴趣及自身能力的综合考量，主动参与高校教育，投身于教学活动中，以期实现身心与智力的全面成长。社会对教育的期待往往是具体且多层次的，而教师与学生对教育的期望可能较为抽象且模糊。正确认知并妥善处理这种需求的差异与冲突，将为教学方法的革新提供重要契机。

二、高校教育教学与管理的主体和环境

高校教育教学与管理的主体和环境是教学活动得以运行的基石。教学主体是指那些在教学实践中主动设定目标、自觉参与实践活动，并在教育过程中展现主体性的现实个体。这一概念包含了三个层面的含义：实际

存在的个体、持续成长与变化的生命体，以及在个体与集体身份之间找到平衡的教育参与者。由此，学生同样被视为教学活动的重要主体。教学环境，作为与教学主体相对应的存在，涵盖了教学活动之外的所有物质条件、时间空间框架、媒介资源及关系网络。尽管环境在教学过程中扮演着从属性角色，但它对达成教学目标起着至关重要的支撑作用。

三、高校教育教学与管理的形式和内容

高校教育教学与管理在形式和内容上呈现出鲜明的具象性和活力，它们不仅映射了形式与内容的内在联系，还体现了形式与环境的和谐共存，以及直接参与者（教师和学生）与间接参与者（教学管理者）在管理上的协同一致。单从教学活动的形式角度观察，它是内容、环境与主体三者交融的体现（如课堂教学、课后作业与社会实践等活动），是这三种元素在不同场景下的组合呈现。从教学主体的行为角度来看，包括了教师的讲授、学生的聆听及师生之间的研讨等多种形式，每种活动都展现了主体地位的多样面貌。高校教育教学与管理的内容紧密围绕教学目标展开，正逐渐减少计划性色彩。从国家或社会的角度出发，对专业人才所需的知识与技能体系有一套系统的设计与进度安排，教学内容依循这些规划逐步实施。目前，我国正逐步鼓励教师与学生的主动参与，给予教学内容选择上的更多自由度，但这与教师完全自主决定教学内容，以及学生在学分制下自由选择课程之间，仍存在一定的差距。尤其在学生的职业规划与学校的学业指导方面，短期内难以实现无缝对接。

四、高校教育教学与管理的特点和过程

高校教育教学与管理的特点与其展开的过程紧密相连，教育与教学本质上是一个逐步深化的过程。全球范围内，不存在任何一种立竿见影的教学活动，过程性是教学活动固有的普遍特征。正因为如此，诸多学者倾

向于使用"教学过程"这一术语来替代"教学活动",将研究焦点集中于高校教育的教学流程,而非刻意去探讨教育管理活动,这种倾向在理解上是合乎情理的。然而,过程性并非高校教育教学与管理独有的特性,因此,将两者等同视之显然是不恰当的。无论是通过瞬间性的观察来审视高校教育教学与管理,还是从教学成效的角度进行分析,高校教育教学与管理的特点均表现得尤为突出,具体而言,这些特点包括但不限于以下三点。

①高等教育显著地将深度专业教学与综合素养认知相融合。相较于基础教育,高等教育的核心特征在于其知识体系的专业性与系统性,它建立在广泛的基础教育之上,进一步深耕特定学科领域的专业知识。教学目标的设定与内容的编排紧密围绕各学科的专业架构展开,教学组织形式亦根据专业进行划分。同时,高校教育教学与管理活动还展现出强烈的综合性认知特征。在专业知识的传授过程中,学生的知识积累、能力提升与素质培养得到了兼顾。即便是高度专业化的课程,其课程设计与教学活动亦融入了大量旨在提升学生基础素质与能力的训练内容,确保教学对学生的影响是多维度、全方位的。

②高等教育注重将隐性教育与显性教育有机结合。在人才培养的过程中,高校教育教学与管理活动展现出了多样化的影响力。除了传统课堂上的直接讲授、作业与练习的直观反馈等显性教育形式外,还广泛存在着诸多潜移默化的隐性教育形式(如学术讲座、实地考察、社会实践、教师适时的正面反馈或建设性反馈等)。这些看似非传统的教育形式,实则蕴含着深远的教育意义,其对学生成长的促进作用远超即时表现的范畴,更为广泛且持久。教育中的"启发"与"养成"理念,正是对这种隐性教育价值的深刻诠释。

③高等教育强调教学活动与科研活动的紧密联动。科学研究作为人类探索世界的有意识实践,其精神与方法深刻影响着高校教育教学与管理活动的组织与实施。高等教育不应局限于知识的传授,而是一个旨在引导

学生探索世界技能、锻炼基本科研能力的过程。对于本科生而言，这种结合可能尚处于起步阶段；而对于研究生教育，教学活动与科研活动相辅相成，师生双方均能在这一过程中实现知识边界的拓展与对未知领域的探索。

五、高校教育教学与管理的构成要素

高校教育教学与管理是一个动态且广泛的概念，涵盖了学校为实现多样化人才培养目标所采取的一切措施。由于学校之间、学科之间的培养目标、质量标准及层次要求各异，其展现出显著的差异性。然而，具体到每一个教学活动单元，它们却有着相似的结构，即都是由几个基本要素构成的灵活系统。这些基本要素的不同组合方式，塑造了多样化的教学场景。

关于高等教育中教学和管理活动的基本组成成分，学术界一直存在多样的见解和广泛的讨论。学者们采用不同视角进行探究：有的侧重于对当下状态的剖析，有的则关注历史演变的过程；有的深入探讨各元素之间的相互作用，有的则专注于对表面现象的观察；有的挖掘深层次的架构，有的则着眼于表面结构的解析。这些视角的多样性直接导致了分析结论的差异，从而引发了从简约的"三要素论"——教师、学生和教材，到更为复杂的"七要素论"——学生、教育目标、课程内容、教学策略、学习环境、反馈机制及教师本身的转变。从客观的角度来看，这种理论上的分歧是合理的，尤其是当更细致的分类不涉及概念的重叠或缺失时，这样的细化是有价值且应被鼓励的。鉴于高等教育中教学与管理活动的特性，我们主张一个全面的教学活动框架应包含六大核心元素：教学主体、教学目的、教学信息、教学媒介、教学组织、教学环境。

①关于教学主体。以往的观点常常建立在一种机械唯物主义认识论的基础上，倾向于将教育过程简化为教与学的二元对立，认定教师是教育

的主体,而学生则是被动接受教育的对象。这种理解方式实质上忽略了高等教育中教学与管理活动的独特属性。因为在高等教育环境中,那些不易察觉的学习成效及探索性质的教学实践,其成功与否很大程度上取决于学生能否主动参与和发挥主观能动性。因此,在高校教育教学与管理活动中,教师和学生应当共同被视为主体。

②关于教学目的。教学活动的核心组成部分之一就是其目的的设定,尽管这些目的在不同情境下可能展现出层次性的差异。即使在高等教育领域,教学目的也呈现出层级化的特征,如专业发展计划中的目的、单一课程的目的,乃至单次课堂的目的等。对于教学方法的探讨,这里所强调的教学目的通常聚焦于具体教学场合(如一堂课)。这些目的既包含了较为宽泛和抽象的要求,也包括了更为具体的知识点和技能培养目的,它们共同指导着教学的方向和内容。

③关于教学信息。过去,人们习惯于将教材和教学内容视为同义词。但实际上,教学内容的一部分应当融入教学目标之内,作为预期达成的任务予以清晰界定。与此同时,虽然教材长久以来作为承载教学内容的主要工具,但在当代高等教育背景下,随着教学资源的极大丰富和获取渠道的多元化,教材的作用和重要性已显著下降。现今,高校教育教学与管理活动中的教学材料远远超出了传统教材的范畴,各种数字化资源、在线课程和实践经验成为教学内容的重要组成部分,使得教材的地位相对边缘化。

④关于教学媒介。教学媒介是指在教学中使用的方法及其实现的工具或手段。随着现代教学技术的进步,传统的教学方法分类已难以全面涵盖当前的教学活动。许多新颖的教学设施和技术被广泛应用于高校教育中,但它们的具体归类尚不清晰。因此,我们将这些统称为教学媒介,其既涵盖了传统的教学方法,也融合了现代教学技术,是传递教学知识、信息,强化教学刺激,提升教学效果的重要途径。

⑤关于教学组织。教学活动的顺利进行离不开教学组织的支撑。教学组织涉及多个方面,包括确定教学活动的时间、地点,明确参与的教师

和学生及其规模,以及维护教学过程中的秩序等。

⑥关于教学环境。高校的教学环境对教学活动的影响日益凸显。为了保障教学活动的顺利进行,需根据教学需求适时调整和优化教学环境。一个经过精心选择和优化的教学环境,能够促进师生追求真知、掌握知识与技能,并促进个人全面发展。

第二节　高校教育教学管理理念及其发展变化

一、高校教育教学管理思想观念及其核心内容

（一）高校教育教学活动主体

教师中心论，源自赫尔巴特的理念，长期主导教育研究与教学活动，它主张教师是教学活动的唯一核心，学生及教学内容被视为教师加工的对象，即教学客体。相反，学生中心论，以杜威为代表，则强调学生是教学活动的唯一主体，教师与教学内容服务于学生的成长，被视为教学客体。教师学生双主体论则是对上述两种观点的融合与创新，认为在教学活动中，教师与学生均为主体，不能单一衡量谁的能动性更大，而是双方共同协作、相互影响。在此框架下，教学内容、教学设施及教学环境等则转变为辅助性要素，即教学客体。

在深入探讨教学主客体如何界定时，我们需首先明确一个逻辑，即主体概念的哲学根基是根植于本体论的土壤，还是认识论的疆域。从本体论视角审视，主体具有唯一性；而若转向认识论，则因认知活动视角的多元，主体的界定亦随之多变。教学，作为一个错综复杂的系统，其主客体的判定依据不同的理论框架而异。若将其视为一种社会实践活动的互动关系，教师无疑占据主体地位，学生则为客体；但若从教学活动的价值导向考量，学生则跃然成为主体，教师转而成为辅助的客体；再进一步，若全面审视活动的全貌，教师与学生皆为主体，而那些非人格化的教学要素（如内容、设施、环境等），则构成教学活动的客体。深化对教学活动主体性的理解，对于激发教学活动各要素的积极性至关重要。单方面强化教师主体地位，固然能极大地激发教师的工作热忱、责任感与主动性，但

缺乏学生的有效参与，往往导致教学成效打折，长此以往，教师的积极性亦可能消磨殆尽。同样，单方面推崇学生主体地位，虽能促进学生自主学习、自我成长及教师对全面发展教育理念的实践，但若缺乏教师的恰当引导，学生可能陷入迷茫，难以把握学习精髓，最终成效亦不理想。因此，教师和学生的双主体理念，更为全面地激发了双方在教学过程中的积极性，使双方能根据实际需求各展所长、协同合作，共同完成教学任务、实现教育目标。在高等教育这一特定语境下，双主体理念尤为契合教学实际，它并非一场权益的争夺，而是责任共担的体现。在共同探索已知与未知知识的征途中，教师与学生作为并肩作战的主体，其双主体地位不容置疑。

（二）高校教育教学活动主体关系

简而言之，任何活动都涉及主体与客体的相互作用。若仅从单一教学主体视角出发，主客体关系明确但片面。在高校教育教学中，主体具有双重性，不同主体间形成复杂而必要的关系网，因此深入探究主体间的关系至关重要。至于教学活动的客体，在双主体框架下，其定位相对清晰：既满足主体的需求，又作为桥梁连接两个主体，促进教学活动的顺利进行。

1. 高校教师

高校教师直接负责教学活动的规划与执行，是人才培养的主力军。他们不仅传道授业，还深入专业领域进行科研探索与社会服务。这个群体涵盖了从授课教师到科研人员，再到教学辅助人员的各类专业人员。作为社会中的重要职业，高校教师享有崇高地位，主导着教学进程，其影响力深远。国家的文明进步常与高校的人才培养质量和学术水平紧密相连，公众因此对高校教师寄予厚望。在教育教学实践中，高校教师更是掌握着教育内容的选择权，调节教学活动、引领教学节奏，并不断创新教学手段。因此，高校教师是教学活动中不可或缺的主体力量。

综上所述，高校教师承载着繁重而多样的教学使命。首先，其职责是传授专业知识，帮助学生奠定坚实的学科基础，掌握核心理论与技能，并促进其智力和专业能力的同步发展；其次，高校教师需在教学互动中，以潜移默化的方式培养学生的道德品质、情感修养、坚韧意志及审美情趣，全面关注学生的个人成长；再次，教学活动的精心策划与实施至关重要，这不仅局限于课堂内的组织与管理，更需延伸至课后的答疑、作业批改及实验、实习等实践环节；最后，为了持续优化教学效果，高校教师必须积极投身于专业与教学领域的科学研究，以便学生紧跟学术前沿，同时促进教学方法的革新与教学内容的丰富。在这些职责中，教学与科研是基石，其执行质量直接决定了教师能否达到合格乃至优秀的标准。二者之间相辅相成，不仅能相互增益，还能带动其他教学任务的圆满完成。

事实上，许多中外高校教师难以在教学与科研之间找到理想的平衡点。大量高校教师倾向于将教学目标聚焦于课程知识的传授及本领域概念与方法的介绍，而对学生智力与个性的全面发展关注不足。他们作为学科专家，虽与同行共享专业知识、概念、术语及研究方法，但作为本科生导师，往往难以构建出既被学生认可又具吸引力的训练模式，以丰富教学活动的内涵与理论。高校教师职业的特殊性，源自其劳动所固有的几大特点：教学手段的自主性需与教学活动的示范性相结合；面对具有能动性的教育对象，教学情景复杂多变；教学过程漫长且教育效果显现滞后；教学方式虽强调个性化，但教育成果却是集体努力的结晶。面对这些挑战，高校教师的应对态度各异，有的可能感到力不从心，有的则积极寻求改进之道，逐步形成了各具特色的教学风格。例如，有的教师以教学内容为核心，尊重学科体系，致力于传授系统的知识原理；有的教师则强调个人的榜样作用，采用以教师为中心的教学模式，让学生在角色模拟中学习；还有的则以智力发展为中心，将一切知识与环境视为训练工具，旨在提升学生的智能。这些教师虽各有千秋，但尚未达到"全能教师"的境界。理想的教学活动应是教授知识、师生共同探究、激发学生学习动力和能力的深度融合。由此可见，成为一名优秀的高校教师，确实是一个持续学习和提升的过程。

2.高校学生

在高等教育领域，教学活动的核心参与群体由教师和学生共同构成，这一规律不仅适用于高校，也是所有教育机构运作的基石，两者相互依存、不可或缺。学生的积极投入，不仅为教学活动增添了多样性与活力，还深刻影响着教学成果的最终面貌。高校学生的构成呈现出高度复杂化的趋势，这是教育普及化、终身教育理念深入人心及学习型社会构建的必然结果。如今，高校迎来了来自不同种族、地域、性别的青年学子，他们生理渐趋成熟、心理渐趋稳定、自我意识显著增强，并已完成基础教育的积累。然而，这仅是高校学生群体的基本轮廓，现实情况远比这更为丰富多彩。在我国，当前本科与专科层次的学生群体大致符合上述描述，但随着高等教育政策的调整、大众化教育的推进，以及更多学生提前步入高等教育阶段，这一群体的年龄、生理、心理特征已超越传统范畴，展现出更多元化的特点。若进一步纳入硕士及博士研究生群体，则原有的基本界定更显其局限性，难以全面涵盖复杂多样的学生群体。

探究高校学生学习的初衷与驱动力，是深入理解其学习目的与动机的关键途径，这两者不仅是推动高校教育教学活动的重要力量，也是衡量学生积极性的重要标尺。学生若怀揣清晰的学习目标与纯正的学习动机，便能在高校环境中主动作为，积极参与学习过程。高校设定的人才培养目标可能理想化，学生个体的学习目的与动机往往与之有所出入，只要个人追求合理且可实现，就应得到尊重和支持。研究表明，多数大学生将学习视为职业准备与专业锤炼的过程，他们渴望通过教育获得个人发展兴趣的空间，并期望未来能享有较高的经济回报。至于学生的学习态度与方式选择，则是一个多维度的问题。具体而言，学习目标的设定直接影响到学生的学习态度，而知识基础与能力水平则决定了其采用何种学习方法及参与程度。此外，学生的情感倾向（如依赖性、独立性、表现欲与内敛性），也会在很大程度上影响他们对教学活动的态度及其在学习过程中的表现。

（三）高校教育教学活动主体关系模式

教学活动本质上是参与者之间的社交互动。在高等教育领域，教学活动是一个多角色的舞台，其中每个环节都嵌入了参与者相互作用的网络，直接关系到教学的质量和效果。高校的教学特色在于其同时具备个性化和全面性，这意味着教师的教学工作不仅是个人努力的展示，更是集体智慧的结晶——单独一位教师难以胜任整个班级的教学、培育众多优秀学子或独自掌握一门学科，需与其他教育工作者如助教、实验员和班主任等协同作战。同理，学生的学习进程并非孤立事件，独立学习有时难以达到理想效果。我们倡导主体性教学模式，它不仅激活单个学生的自主学习能力，更重视构建在每位学生都能主动参与的基础上的团队学习和合作研究。因此，在高校教育中，教学的核心关系按重要性可分为三组：师生互动最为关键，而教师间的协作与学生间的交流则相对次要，但同样不可或缺。

师生互动作为学校教育中不可或缺且备受瞩目的核心要素，构成了教育过程中最基本且占主导地位的人际关联模式。这种关系，以传授知识为桥梁，通过"教授"与"学习"的方式展开，体现了教育领域内特有的社会联结。对于师生关系的理解随时代变迁而深化，传统观念中，师生之间存在一种"一对一"或"一对多"的主导-从属结构，具体体现在：在课堂上，教师负责讲解和演示，学生则被动记录和练习；在课程规划上，强制性课程范围远超选修课程范围；在教学管理上，采用统一学年制度，所有学生被同一标准衡量，忽视了个体差异。然而，历史经验与教训提示我们，重塑师生关系对提升高等教育质量至关重要。在新型的师生关系框架下，双方的互动呈现出"一对多"、"多对一"乃至"多对多"的复杂网络形态，教师与学生之间形成了多层次、多向度的交互。这一网络体系的全面运作，正是高校教育活动的终极使命与追求。

在高校教育的教学场景中，教师团体内部的多边互动，即所谓的师师关系，扮演着至关重要的角色。我们往往过度聚焦于师生之间的互动，

而忽视了教师群体内部关系的重要性。事实上，大学环境下的师师关系独具特色，与初高中和其他培训机构截然不同。这类关系因其持久性、利益相关性和个人色彩，即便网络规模不大，也可能引发诸如学术流派竞争、传承争议及资源争夺等问题，这些问题有时会波及教师的授课质量。从合作的角度观察，即便是单一课程或一堂课，主讲教师与助教、理论讲师与实验指导老师、任课教师与教务管理人员之间的协调合作，都对教学活动的顺利进行和成效产生直接影响。因此，一个团结和谐的教师团队对于高校教学活动的成功开展至关重要，它能有效促进教学质量的提升和学术氛围的营造。

高校教育中，同龄学生之间建立的多元联系，通常称为生生关系，其构成了一个富有活力的同学社群。这种社群可能是同一年级、相同专业的学生形成的正式且稳固的群体，也可能是基于学术兴趣，由跨年级的同专业学生结成类似师徒般的紧密联系，或是经由教师引导，围绕特定主题构建起的组织性关系（如电子协会等）。生生关系的构建虽具偶然性，但一经确立，便展现出相当的稳定性，不仅在校期间能够相互激励与影响，其影响力更能延续至毕业后，渗透进社会生活。生生关系对教学，特别是对学习过程的影响全面且深远，其作用力仅次于学生个体的行为选择。当然，这种关系网的规模、质量及其内在差异，在很大程度上决定了其对教学效果的具体影响。

二、高校教育教学管理思想观念的演变

高校教育的教学管理理念主要体现在人才培养理念、质量意识和效率考量等方面。

（一）人才培养理念的形成

高等教育的核心使命在于人才培养，而这一目标的实现主要依托于教学活动。改革开放以来，我国确立了以知识为中心的教育理念，但高校

教育仿佛从现实世界的"广袤田野"重回理论研究的"象牙塔"。与此同时，教学与科研在高校内的地位之争日趋激烈，形成了教学与科研"双轨并行"的局面。实际操作中，不少院校和教育者倾向于将更多精力投入高深的科研项目，而对教学活动的重视不足，导致教师的教学角色未能充分发挥。

近年来，随着国家对人才培养质量的日益关注，社会各界开始重新审视教学与科研的关系，并逐渐明确了教学在高校工作中的核心位置。无论何种类型的高校，首要职责始终是培养人才，科研活动亦应承担起育人的责任。因此，高校教师应当将教学置于首位，忠实地履行其基本的职业使命。面对全球教育的发展趋势和科技进步对人才培养规格提出的全新要求，能力导向的教育观愈发受到推崇，社会需求转向了知识面宽广、技能娴熟的高质量人才。鉴于此，教学活动面临着新的挑战：既要妥善处理理论教学与实践教学的平衡，确保两者并重，又要合理调节学校教育与社会教育的衔接，避免给学生造成过重的时间、经济及心理负担。在此背景下，教学中心地位的理论得到了进一步充实与拓展。校内，强调理论教学与实践教学的结合，科研活动成为培养学生实践能力的平台；校外，则强化实习实训基地的建设，构建产教融合的机制。

（二）逐渐形成以专业教育为主的教育思想

普遍观点认为，全球范围内的本科教育可归类为两大教学范式：一是以苏联和德国为典范的专业型教育模式，这种模式下，学生在校学习周期较长，教育注重基础理论与实践技能的双重培养；二是以美国为代表的一般型教育模式，学生在校时间相对较短，重点在于构建坚实的知识基础，而实践技能的磨炼则多安排在毕业之后。起初，我国本科教育主要借鉴苏联的专业型教育模式，侧重于专业知识的深度传授。然而，在改革开放的大潮中，我们逐渐意识到专业型教育模式的局限性与缺陷，转而开始关注并引入欧美国家更为灵活的通才教育模式。值得一提的是，两种教育模式在各自发展过程中，不断吸收对方优点，实现了互鉴与融合，从而催生出更加多元化和适应性强的教育实践。

一般来说，现代的专业教育理念植根于美国文化，强调科学实用性，这一体系的高校教育哲学在20世纪初风靡一时，持续影响美国数十年。1978年，中国召开的全国科学大会吹响了"向科学进军"的号角，标志着科学的春天来临，这一时期恢复的高等教育体系深受科学主义专业教育的影响，自此，科学主义成为国家教育方针和学校教学工作的核心指导思想之一。

然而，专注于培养学生特定技能的专业教育理念不久便遭遇了素质教育理念的冲击。国内外人才的成长及应用实践显示，仅有单一技能的人才难以满足高水平专业岗位的需求。伴随全球科技的迅猛发展，学科专业经历了先细分后整合的演变，人才的培养与社会工作日益复杂。尤其在"曼哈顿计划"等大型科研项目中，社会工作对人才的合作精神、协调能力和组织才能等综合素养提出了更高要求。当今社会不仅需要人才具备坚实的专业基础、广泛的知识视野和强大的实践能力，还需要他们拥有高尚的思想品德、良好的职业道德、健康的心理和体魄。

综合素质教育的概念，以自由教育、人文教育和通识教育等多种形式呈现并逐渐兴起，传统意义上狭隘的专业人才培养模式和观念开始让位于"扩大专业领域，提高适应能力"，以及"通识教育"的先进理念。以往对科学技术领域追求"精准、深度、专业"的单一目标，已被"德智并重""文理兼修"的综合性人才培育目标所替代。在此背景下，华中科技大学引领风气，将人文素质教育作为切入点，推动教育改革。随之而来，中共中央和国务院颁布专项文件，全力支持高校素质教育的全面实施，并在全国范围内创建了大量国家级人文素质教育基地。人文素质教育的目的不局限于向理工科学生传授人文科学知识，而是面向全体学生，旨在全面培养其人文素养、人文情怀，这是通识教育理念的生动实践。

（三）树立终身学习和终身教育理念

根据传统的职业教育理念，高等教育常被视为个人教育历程的最终阶段。然而，随着科技的日新月异和全球社会工作的持续演变，联合国教科文组织的一系列报告催生了素质教育思想，进而推动了终身学习和终身教育的理念在高等教育领域内的传播。这引发了学术界关于高等教育性质的热烈讨论：它是结束一切教育的终点，还是奠定后续学习基础的起点？特别是当高等教育进入大众化乃至普及化阶段后，其基础性教育的角色愈发凸显。高等教育不再为学生未来的科技生涯或职业生涯提供一切所需，而只能为其奠定知识、技能和持续学习的基础。因此，高等教育在人才培养方面必须更加注重广泛的学科覆盖、坚实的理论根基及较强的学习与研究能力。同时，它还需为在职人员提供进一步深造的机会，搭建终身学习的平台，以适应不断变化的社会需求和个人职业发展的需要。

（四）以学生为本的个性化教学观念逐渐生成

全球范围内掀起的学习革命促使高校教育的教学模式不得不顺应教育对象历史性变迁的步伐，这已成为高校教育创新的直接准则与导向。具体体现如下：从单一的知识记忆转向更重视智力开发与能力锻炼，旨在培养学生的批判性思维和解决问题的能力；从专注于狭窄的专业技能转向同时强调知识广度，致力于塑造具备多语言、经济管理、人际沟通等综合能力的跨界人才；从一味追求标准化教育转向兼顾学生个性，鼓励发掘与培养各自的特长与潜在优势，以满足多元化社会需求；从理论至上转向理论与实践并重，强化实际操作能力，确保学生能够将所学知识应用于现实情境。

因材施教，促进个体全面成长，乃是教育的基本原则。为了矫正高校教育中"千篇一律"的人才培养模式的弊端，凸显学生在教育过程中的主体角色，有必要在教学管理、教学步骤及教学方法上，将僵化、统一的人才培养模式转变为多样性和个性化并重的教学流程与形式。高校既要致力于拓宽专业领域的广度，又要坚守专业教育的本质；既要设定明确的人才培养目标与基本标准，又要赋予学生自由发展的广阔空间；既要保持教学计划的有序性，又要允许学校、院系、教师和学生享有适度的自主权。

在教学管理体系上，推广学分制，实施灵活的选课和选专业制度，以适应学生个性化的学习需求和职业规划。

三、高校教育教学管理思想观念变革的趋势

21世纪伊始，随着我国高等教育大众化步伐的加快，高校在教育资源、保障体系等方面遭遇了前所未有的挑战，这些问题直接引发了公众对人才培养质量的质疑，成为高等教育领域热议的焦点。面对社会关切，政府与高校采取了积极措施，启动了"高等学校本科教学质量与教学改革工程"，旨在双管齐下，一方面优化高等教育的物质条件和保障机制；另一方面着力将硬件设施与环境优势转化为人才培养所需的软件——建立健全的教育制度，持续推动教学理念的革新。

（一）全面落实科学发展观

科学发展观的核心在于发展，涵盖高等教育的进步与人的全面发展。以"以人为本"为轴心，人才培养工作务必实现全面性、均衡性和持续性，这是构建终身教育体系和学习型社会的基石。遵循党的教育方针，深化素质教育，秉持"稳固基础、深化内涵、提升质量、谋求发展"的战略导向，恪守高等教育的基本法则，坚定地将人才培养视为高校教育的核心使命，视教育质量为高校生存的命脉，认定教学活动为高等院校的重心，这些都是新时代高校教育教学理念的体现。

（二）建立健全大教育观

大教育观具体体现在高校教育资源的创新共享上，通过新教材的编撰、立体化教材的构建、网络教育资源的开发及共享平台的搭建，来打造服务于全国高等教育的精品课程和数字化教材资源中心。这一举措旨在建立一系列具备标杆效应与服务功能的数字化学习中心，进一步完善终身学习的支持服务体系，从而全面提升我国高校教育的教学质量和整体竞争力。为了达成这一目标，必须深刻理解提升教学质量的系统工程本质，识

别并聚焦于那些具有根本性、全局性及导向性的创新领域,以引领高校教育创新的方向,确保高等教育在规模、结构、质量与效益之间实现平衡发展。同时,需要动员政府、高校与社会各界共同努力,将推动高等教育发展的热情汇聚到教学质量提升的核心议题上,充分利用各方资源,切实解决高校教育在教学质量提升过程中遇到的难题,为高等教育机构营造一个有利的外部发展环境。

(三)高校教育教学创新

高校教育的教学创新与质量提升始终是教育领域探讨的焦点议题。我国高校教育在教学创新实践中,规模宏大、势头强劲,但形式与实质内容的创新仍有待加强。为此,在教学制度的创新层面,需持续建设和优化教学评价体系、专业资质认证制度,以及高校教育基本状态数据发布制度,以确保教育质量的透明度和公信力。在教学活动的创新上,除了确保资深教授和知名学者亲临讲台,还应致力于打造高水平的教学团队,提升整体教学质量。同时,应持续强化学生的主体意识,进一步放宽学生选课与选专业的限制,通过学分制改革,激发学生的学习自主性和自我责任意识,使他们成为自己学习旅程的主导者。此外,应借助各种层次和规模的教学研究项目,以及教学创新成果的表彰奖励,构建起激励教学方法革新的长效体制,彻底改变教学创新分散、自发、孤立且缺乏持续性的现状。

第三节　高校教育教学改革与管理方法的创新

一、高校教育教学改革与管理方法概述

在现有的学术研究中，关于高校教育教学方法的探讨，既有深入剖析其本质的，也有侧重于特征或流程描述的，而研究趋势正逐渐向"模式"方向倾斜。无论是本质探讨还是特征描绘，都存在一个关键问题，即过分侧重于教师视角。结果是，有关高校教育教学方法的定义与特性归纳显示，大多陷入了以教师为中心的"二元论"误区，即从教师角度出发研究教学策略，从学生角度出发探讨学习技巧，简单地将两者相加等同于完整的教学方法。这种研究路径的缺陷在于，它与高校教学的真实场景存在较大偏差。教师的教学策略能够在没有学生参与的情况下形成，而学生的学习方式也不一定需要教师的直接介入。这两种可以独立存在的方法，无法通过简单的叠加变成一种新的教学方法。因此，有必要对传统教学方法研究的局限性提出批评。然而，批评与重构是事物演进的不同阶段，在目前构建新教学方法方面尚未取得实质性进展，也没有引起足够的重视的情况下，对高校教育教学方法的研究却已转向对教学模式的探索，导致教学方法研究逐渐被边缘化。随着教学模式研究的兴起，教学方法研究显得越发黯淡。

实际上，对教学模式的研究并不能取代对教学方法的研究，它或许只是教学方法研究在特定阶段的一种探索形式。诸多教学模式的研究成果表明，它们实质上归属于教学方法的范畴，教学模式可以被视为一系列教学方法的集成。然而，将教学模式描述为固定、范例式的教学程序、策略或框架，这与高校教育教学活动的实质相悖，并且与该类活动的特点不

符。高校教育的教学活动，特别是教学方法，没有现成的"方法集"可供模仿或应用。企图创造并广泛推行一种统一的教学模式，会导致忽略了高校教师、学生、学科领域及学校类型的多样性。高等教育的本质在于构建一个全面的、有机的教学环境，教学方法则是支撑这一环境的或明或暗的"网络"。具体而言，在教师授课范围与学生学习范围相互交织的部分，教学方法表现为知识的传递、吸收、思维方式、路径、工具及情境气氛等。那些在教师授课、学生学习或行政管理领域之外的方法，尽管对教学质量和人才培养至关重要，但它们并不完全等同于狭义上的教学方法。

在高校教育的教学活动领域，关于高等教育的教学方法问题还涵盖了管理与教师活动交汇处的方法议题，以及管理与学生参与相交的策略问题。值得注意的是，教师与学生互动的区域也与管理活动有所重合，而这里的焦点在于教学方法的决策权归属。如果教师、学生与管理者在教学活动中的贡献均衡，且教学方法的选取与运用实现了深度整合，那么，三方对教学方法的决策权大概会落在各自 1/3 的"他控"交集区域内，而剩余的 2/3 则由各自独立控制。这意味着，在教学方法的掌控上，教师、学生与管理者均不能仅凭个人意志来全盘决定整个教学方法的走向，真正能够实现三方共同管理的，是小于各自 1/3 的共控空间。教学方法的自主性是"教学自由"概念的实际体现。

二、高校教育教学改革与管理方法的特点

高校教育教学改革与管理方法的特点有以下几个方面。

第一是可感性。相对于抽象性和无法感知的特性，可感性呈现了一种直观且可体验的属性。教学方法固然具备工具属性，但如果过分强调乃至过度放大这一特性，则可能抑制创新的火花。因此，更恰当的视角是将其视为维持教学活动生态的"网络"，尽管这一网络并非总是显而易见，但它必须生动且活跃。当教学活动深入到面对面互动的"方法"层面时，

其可感性特质变得尤为明显,不仅要求参与者能够直观感受到"方法"的存在,更需确保这些方法的有效性。可感性是对教学方法实践性的精练总结,无论是通过言语、工具、图像、肢体语言,还是通过思维模式和情感传递,都应该能让参与者触碰、体会、领悟到其存在。这有助于规避过去"方法是知识加工和展示的手段"这一论述的局限性,强调了方法与感受之间的直接联系。可感性越强,教学内容就越容易被接受和理解。

第二是内隐性。内隐性与外显性、直接性形成对比,类似于含蓄的表达。教学方法的核心目标在于引导学生的学习,而无论是理论分析还是教学实践的积累都表明,针对不同的个体,或同一人在不同阶段和情境下,教育的方式应当灵活多变,这就要求教学方法蕴含内隐性,而非一味地直接教导或严厉批评。如同社会认知中普遍存在的内隐性,学习心理学研究表明,学习者对社会性信息的内隐感知力往往超过非社会性信息。可以将其比喻为建筑结构中的钢筋与混凝土,内隐性就像是支撑整体的钢筋,而外显性则相当于包裹其外的混凝土,二者共同构筑了认知建构的坚实基础。在高校教育的教学活动中,尽管专业教育占据重要位置,但关于社会认知的学习占据了更大的比重,因此,内隐性成为教学方法中普遍存在的特质。

第三是双重性。双重性指的是事物同时具备的两种相对独立甚至相互矛盾的属性。在诸多领域中,双重性普遍存在,而在高校教育的教学活动中,这一特征尤为显著。在教学方法层面,教师与学生作为教学主体的双重性、双方参与教学活动动机的双重性、目标设定的双重性,以及价值评判标准的双重性,这些复杂的维度交织在一起,形成了一种动态的冲突与融合。具体来讲,这种双重性在教学内容、教学方式、教学手段,乃至教学目标与成果的教育内部体现得淋漓尽致。有的呈现为主从关系,有的表现为背道而驰,有的则带有不确定性与竞争性,还有些则是客观性与主观性并重的混合体。总而言之,倘若忽视了高校教育教学方法的双重性,那么教学方法将面临停滞不前的困境。

第四是微观性。微观是个相对概念,在社会科学中,通常把从大的、整体方面去研究和把握的科学称作宏观科学，从小的、局部方面去研究和把握的科学称作微观科学。在高校教育教学活动体系中，教学方法显然不属于宏观层面的概念或范畴，微观性是教学方法的实际处境，只有认识到这一点，才能准确分析教学方法的各种内在问题。任何提升或夸大教学方法层级的认识、企图都会把教学方法研究引向歧途。

第五是复杂性。复杂性科学作为一种认识论和方法论，它代表了对传统还原论的批判与超越，以及对整体论的深入探索。这门科学强调在分析和综合、局部与整体之间找到平衡，是系统科学领域的一项新进展。复杂性体现在当环境和条件变化时，事物行为模式转换的难度，以及在新条件加入后，原有元素作用的微妙变化。为了理解这种复杂性，我们需运用非线性关系来捕捉局部与整体间的动态变化。在复杂性科学中，认识复杂现象的关键在于理解其内在的非线性关系、不确定性、自组织能力及新兴特性。高校教育的教学活动完美契合了这些复杂科学的特征，因此，教学方法自然而然地承载了复杂性的特质。

第六是丰富性。感性活动的核心特征在于其丰富多样，这一点在教学活动，尤其是在教学方法的运用中尤为突出。教学不仅是遵循一定规则与组织性的理性活动，更是一场教师与学生之间的感性互动。即使一位教师教授同一门课程，两次的教学体验及采用的教学方法也可能截然不同，学生的感受同样如此。教学方法的丰富性实际上是其可感性、双重性及复杂性等特性的自然产物。因此，寄希望于通过教学模式来简化或归类教学方法的研究路径，实际上违背了教学方法本身的规律，忽视了其独特性与复杂性。

三、高校教育教学改革与管理方法创新的原则

（一）科学性原则

无论是在方法论的高层次进行探讨，还是在具体教学技艺的细节上进行实践，高校教育的教学方法创新首要原则是必须科学严谨，而非任意

妄为，它应当是科学性和艺术性的完美融合。同时，创新之举需严格遵循相关学科的标准规范及教育学的基本规律，偏离任何一方的基本准则，所谓的创新将沦为徒有其表的形式主义，不仅无法达到预期的效果，还可能扭曲教学方法创新的真谛。为了确保教学方法创新能够贴合科学性这一核心原则，在创新行动正式启动前，应当对其实施过程及预期结果进行全面评估，保证创新方案的合理性与可行性，同时简化操作流程，使之更加简便易行。

（二）相对性原则

创新的本质在于超越现状，但任何创新都无法达到绝对的极致，无论是最优、最佳、最完美还是最前沿的状态。教学方法的创新，其相对性主要体现在对以往所有教学方法的继承与革新上。创新的教学方法往往通过对传统方法中合理元素的提炼与升华，创造出相对更优的模式。没有传统就没有创新，无论是从形式、组合方式，还是从产生的效果来看，只要能比以往取得更好的教学成果，即可视为一次成功的创新实践。尤为关键的是，真正有价值的创新教学方法应当具备可推广性，而非仅限于少数人掌握的"秘籍"。历史上不乏创新的教学方法在局部或个别案例中展现出良好效果，但若缺乏广泛的适用性和影响力，其价值将大打折扣。因此，可推广性是推动教学方法创新时必须坚守的基本原则。若非如此，所有的创新尝试终将昙花一现，无法为高等教育留下宝贵的经验与财富，更无法持续推动教育质量的提升和教育体系的完善。

（三）适切性原则

教学方法创新的核心准则是必须贴合教学的实际需求，创新绝非空想的浪漫主义，而是脚踏实地的实践行动，不容许任何不切实际的幻想。任何创新设想都应紧密围绕教学内容、教学对象、教学目标及教学所处的时代背景与环境条件展开，确保方法服务于内容、服务于学生、服务于目标、服务于环境的特定需求。不同的教学方法适用于不同的内容、对象、目标和环境条件。鉴于高等教育的基本教学要素始终处于动态变化之中，这要求教学方法的创新活动必须保持高度的灵活性和适应性，做到随时随地、无孔不入。即便面对相同教学内容、一致的教学目标和同一教学场景，学生们的情况也会千差万别，这就需要教育者竭尽所能地采用多元化的教学方法或调整教学节奏，以满足每一位学生的个性化学习需求。

（四）开放性原则

为了促进高校教育教学方法的创新，一个开放包容的环境与文化是必不可少的。然而，当前的管理制度、评价体系和考核机制往往未能起到鼓励创新的作用，相反，它们在某种程度上限制了，甚至扼杀了创新的萌芽。就教学方法创新的内在需求而言，首先，要拓宽视野，不要局限于教育学的圈子，更不应拘泥于现有的高等教育框架。创新的本质在于突破和超越，若眼界受限，便无法超越自身。因此，鼓励跨学科、跨领域、跨国界的交流与学习，但这种借鉴需经过深入理解和消化，确保符合高校教育基本要素的实际需求。其次，在教学管理层面，对于教学方法创新的态度也应保持开放，不应过度限制课堂的自由度，毕竟课堂是教师与学生共同的领地，倡导将课堂的主导权还给教师和学生，让他们在互动中激发创新灵感。再次，在评价教学方法创新的成果时，应持有开放的心态，甚至允许失败的存在，创新意味着多元的结果，不宜用传统的标准来衡量非传统的教学实践。同时，在评估某位教师的课程创新价值时，应审慎考虑评价者的认知水平与即时感受，有时当下感受可能并不准确，需要经过一段时间的内化与比较，才能作出客观公正的评价，因此不应过度依赖课后的即时反馈。对教师而言，所谓教学风格，实质上是运用教学方法的一种相对固定的模式，这种模式并非要求每次教学都能给人留下深刻印象，而是在不断变化与改进中形成的。真正的风格，是在一届又一届学生的事后评价中逐渐显现出来的。

（五）公利性原则

公共利益，简称"公利"，与私人利益（私利）相对，是社会发展中一个重要的考量因素。在历史的长河中，我们对私利的负面影响进行了大量的研究与分析，而对日常生活中无处不在的公利，却往往习以为常，缺

乏深入的探讨。实际上，公与私并非截然对立，而是一种相互依存、相互作用的系统性概念。公利的核心价值在于服务于私人利益，为个体间的利益分配提供公正的保障，维护社会的和谐与稳定。公利是一个相对的概念，它既包含个人层面"私之外"的公共空间，也囊括了国家、民族乃至全人类的共同福祉。而"利"，即具有某种实用价值的实体，可以分为自然存在的资源与人类创造的事物或事物所带来的利益。高校教育的教学方法，作为人为创造的无形知识财富，无论是其运用还是创新，都属于公利的范畴。依据"强互惠"理论，教学方法的创新与传播是一种典型的公利行为。例如，教育制度的起源、义务教育的强制性及高等教育的普及化，都是宏观层面上的公利体现。因此，教师在教学活动中进行的教学方法创新，其本质应当是服务于公共利益的，旨在提升教育质量，促进知识的公平分享，为社会的长远发展贡献力量。

教师作为个体，其对公共利益的贡献必然源自个人的初衷与行动。然而，在处理"公心"与"公利"之间的关系时，必须保持清晰的界限。即便出发点是出于"公心"，也应当明确所追求的利益是为了谁的福祉。教学方法的有效性也不应仅由即时的反馈来衡量。追求个人私利源自私心，但抱有公心的人未必总是在谋取"公利"。为了眼前的小团体或短期的"公利"而行动，虽然是一种能够获得回馈的弱互惠行为，但这并不等同于真正的公共利益。我们所倡导的"公利"，并不是简单意义上的平均主义，而是旨在为每个学生提供最适合其个人发展的公平机会。这种公平，是内在的，它关注的是如何根据每个学生的独特需求和潜力，提供最适宜的支持与资源，以促进其全面发展。

四、高校教育教学改革与管理方法创新

（一）组合法

在自然界和人类社会中，组合创新的现象极为常见。在教学方法的

范畴内，组合创新意味着将两种或两种以上的教学方法，或者其理论的某个部分乃至整体，以恰当的方式叠加和整合，从而诞生出全新的教学模式。组合法作为创新原理的一种，完全契合教学方法创新的实际需求。组合创新的可能性与空间是无限的，其潜力无可估量。历史统计数据显示，二十世纪的创新成果呈现出明显的阶段性特征：在二十世纪的三四十年代，突破型创新占据主导，而组合型创新则处于辅助地位；到了二十世纪五六十年代，两种类型的创新成果数量趋于平衡；自二十世纪八十年代起，组合型创新成果开始占据主导地位，显示出组合已成为创新活动中不可或缺的重要方式。这表明，随着知识的累积和技术的发展，组合创新逐渐成为推动科学进步和社会发展的重要驱动力之一。

（二）分离法

分离原理在创新实践中扮演着关键角色，它倡导对创新对象进行科学的拆解与分析，旨在从纷繁复杂的表象中提炼出核心问题，为创新者提供清晰的思维路径，便于集中攻克主要障碍。在创新的进程中，分离原理鼓励我们跳出事物的固有形态，通过分解与拆分，释放出隐藏在传统框架内的创新潜能，孕育出崭新的观念与产品。在教学方法创新的语境下，分离法意味着对习以为常的教学方式实施细致的解构，依照逻辑顺序进行梳理与重组。这种方法着重于挖掘与放大某个特定环节，甚至将其发展成为与原有方法并驾齐驱，或者在某些方面超越原有方法的新教学模式。

（三）还原法

还原的本质在于超越表面的常规与既定规则，它要求我们将习以为常的"常态"视为需要质疑的对象，而将事物的原始状态视为"真实"。这种方法鼓励我们在创新的征途中，能够拨开现象的迷雾，直达事物的核心，回归问题的初始状态，锁定最关键的功能要素，全神贯注地探索其实现路径与策略，以期达到创新的巅峰。与任何形式的创新一样，教学方法的创新亦拥有其独特的创新源头。通过追溯根源，精准定位创新的起点，我们可以从原点出发，探寻多样化的解决方案，运用创新的思维、先进的技术和新颖的工具，对教学方法进行重构与优化。从根本上解决教育实践中的问题，正是还原创新法的核心要义。

（四）移植法

创新理论指出，移植法是一种创新原理，它倡导将某一研究领域的概念、原理和方法跨界应用于另一领域，从而催生创新成果。正如古语所说，"他山之石，可以攻玉"，移植法的核心在于借鉴已有的创新成就，以此为基础进行新的创造。在教学方法创新的实践中，移植法可以表现为同一学科内部的"纵向移植"。例如，我国高等教育领域经常从基础教育中"上移"非理性教学方法，而当前基础教育创新则倾向于将研究法、实验法等更高级别的方法"下移"。除此之外，移植法还可跨越不同学科领域和地理区域，实现"横向移植"，甚至融合多学科、多地区的教学理念、思维模式和方法，进行"综合移植"。移植法之所以能够催生新成果，是因为它符合"感受共存"中的新奇性标准：未曾体验过的便是新颖的。因此，在教学方法的创新上，将美国的常规教学方法引入我国，便是一种创新，能够带来新鲜的教学效果。同样，我国的传统教学方法传入美国，也能在当地教育领域产生令人惊喜的反响。

（五）逆反法

逆向思维为一项关键的创新策略，逆反法鼓励人们勇于挣脱常规思维模式的桎梏，对现有的理论、科技、产品持批判和质疑的态度，从与常规思维截然相反的角度进行分析、思考和探索，以求开辟创新之路。实际上，万物皆有阴阳两面，正反两极并存于同一实体之中。在认知过程中，人们往往倾向于从直观明显的正面入手，这无形中限制了思考的广度和深度。然而，若能有意识、有目的地与传统思维模式"唱反调"，往往能够收获意想不到的创新佳绩。在教学方法的领域，有一种广受赞誉的"深入浅出"技巧，即用通俗易懂的方式阐述复杂深奥的理论。但从逆反法的视角审视，高等教育中的许多课程内容可能并不适宜采用"深入浅出"的方法，反而更需要"浅入深出"的策略，即先以轻松浅显的方式引入，再逐渐深入探讨，这样往往能更吸引人，达到更好的教学效果。

（六）强化法

强化法作为创新策略之一，基于深入的科学分析与判断，可以被视为一种巧妙的包装艺术，即精心的策略规划。强化法的核心在于通过一系列精妙的手段，对原本平庸的方法进行提炼、浓缩或集中、放大，以达到显著的创新效果，给予人们强烈的感觉震撼。观察那些荣获国家级"教学名师"称号的教育工作者，他们的教学方法往往采用了强化法，即将常规的教学方法进行概念化升级，或者遵循分离法的原则，对普通方法中的某个局部元素进行剥离、深化，并将其推向极致、应用至极致，最终冠以原创者的名号。通过这种方式获得的教学方法，不仅具备新颖性，更蕴含着强大的力量。

（七）合作法

高校教育的教学活动本质上是一个深度协作的过程。这一认知在过去并未得到广泛传播，导致教学方法上的单一主义观念长期盛行，其影响根深蒂固。为了创新现有的教学方法，推动高校教育方法的革新，一个重要的思路是从教学活动的本质出发，重新审视其合作性特征。有学者曾对"对话教学法"进行分析，指出这是一种建立在师生平等基础之上，以学生自主探究为核心的合作创新模式，并据此提炼出4种对话教学模式："以教师为中心""以学生为中心""师生关系平等""突出问题焦点"。实际上，对话教学法只是合作创新的众多形式中的一种。从创新主体的角度来看，合作的途径是极其广阔和多元的。这是因为随着科学的发展，创新越来越依赖集体智慧的发挥。早期的创新往往依赖个人的智慧和知识积累，但如今，如人造卫星、宇宙飞船、空间站和海底实验室等复杂项目的研发，要求创新者能够超越单一专业知识的局限，依赖集体智慧的协同作用，实现跨学科、跨领域的科技融合。

第二章 高校教育教学中的学生管理创新

第一节 高校学生管理概述

一、高校学生管理的内涵

高等教育的学生管理工作,是由高校的专职管理人员执行的,他们通过规划、组织、协调及合理调配学校资源,旨在达成学生培养的目标。这一管理范畴不仅包括对学生本身的管理,还涉及学生事务、组织活动、教育指导及行为规范等多个方面,构成了一个全面的学生管理体系。

遵循教育部对学生管理工作的指导原则,将高校学生管理的核心内容细分为六个主要方面,具体内容如表2-1所示。

表2-1 高校学生管理工作的基本内容

类别	内容
学生思想政治教育工作	爱国主义教育、意识形态教育、主题教育、网络思想教育等
学生稳定工作	学生危机干预、学生安全管理、学生宿舍管理等
学生事务工作	学生奖励、学生惩处、学生资助、学生贷款、学生就业服务等
学生组织工作	党团组织、学生会组织、学生社团活动、学生班集体建设、网络阵地建设等
学生咨询辅导工作	学习辅导、心理健康辅导、职业生涯辅导等
学生工作团队建设	学生工作人员选、留、用等

根据表2-1可以看出,高校学生管理覆盖了学生在校期间除学业学习之外的各个层面,它不限于传统的管理范畴,更包含了对学生全方位的教育、指导与服务。

二、高校学生管理的特点

（一）价值取向的育人性

育人是高等教育学生工作的核心价值导向，其本质在于通过学生工作的各个环节，实现教育和塑造人才的目标。回顾我国高校学生管理工作的发展历程，我们不难发现，无论在哪个历史阶段，育人都始终占据着至高无上的地位。从改革开放前将思想政治教育视为学生管理的唯一任务，到改革开放后增加了日常事务管理的职责，再到21世纪以来为学生提供多元化成长指导的服务职能，尽管学生管理工作的内涵日益丰富，职能范围持续拓展，但无论是教育、管理还是服务，其价值追求始终锚定在育人这一核心点上。在这一过程中，价值观教育、道德教育、法治教育和心理健康教育等育人内容被有机地融入教育、管理和服务的各个环节，旨在全方位地塑造学生的人格，提升其综合素质。

（二）实施过程的任务性

我国高校在执行学生管理工作时，呈现出显著的任务驱动特征，这一过程通常是从上至下层层推进的，即各层级的学生工作负责人依次将工作任务细化并向下传达，直至落实到基层，直接面向学生开展各项活动。这种任务导向的层级传导机制，不仅确保了高校能够迅速响应、解析并执行党和国家关于学生思想政治教育的指导方针和政策，同时也保障政府的各项优惠政策和资助项目能够及时、准确地惠及广大学生群体。

自从中华人民共和国成立以来，尽管高校学生工作的职责领域得到了扩展，但这种任务导向的工作执行模式一直延续至今。在当前的高校环境中，无论是学生思想政治教育、日常事务管理，还是各类成长发展服务，大多数活动仍以任务的形式展开。对于高校学生而言，学校组织的思想政治教育、日常管理举措，乃至成长发展服务，常常带有一种自上而下的约束力。例如，学校统一安排的就业指导课程、统一举办的特定主题团组织活动等，都体现了这一特点。

（三）工作对象的全体性

全体性的概念意味着我国高等院校的学生工作是全面覆盖的，它触及每一名在校的全日制大学生。简而言之，不管学生的个人特征（包括性别、种族、原籍、家庭经济条件或健康状态）有何不同，他们都是高校学生工作体系下思想引领、常规管理和综合服务的目标群体。

这一原则的核心目标是确保每位大学生都能成长为社会主义现代化建设所需的合格人才和未来的领导者。从价值观的角度来看，这彰显了教育人、塑造人的工作，尤其是思想政治理论教育，要达到无一遗漏的广泛覆盖。

谈及教育目标的达成，我国高校学生管理的全体性确保了高等教育的根本目的与方向能够被每一位在校学子理解和吸收，使其成为个人成长的一部分。就管理职能的履行而言，全体性原则让高校学生工作架构的监管范围覆盖至每一位学生，合法且有效地确保了校规校纪对所有学生的行为有指导和制约的作用，这不仅简化了管理体系，还保障了学生在校时的安全。在服务层面，全体性则使高校学生工作体系能够将政府给予大学生的福利政策，以及学校提供的各类支持服务，无遗漏地传达给每一位学生，确保每位学子都能享受到我国经济发展为高等教育带来的益处，共同分享社会进步的成果。

（四）工作方式的经验性

所谓经验性，指的是我国高校学生工作的方法论并非源自特定的理论框架或严谨的专业流程，而是深深扎根于工作人员在实际操作中积累的经验教训。这种知识的获取，并非依赖正规的专业教育或精心设计的培训课程，而是通过一种师徒制的"传帮带"模式得以传承。

我国高校学生工作方式的经验性不仅是对过往历史经验的传承，更是为了契合学生工作所承载的政治属性和目标的现实需求。这一特性渗透到了学生工作的各个领域。例如，与学生进行深入交流的效果，在很大程度上取决于工作者的从业时间、个人品质及其与学生的互动技巧；策划活动的成功与否，往往与工作者的投入程度、创新思维和对细节的关注紧密相关；学生事务管理的质量，则由工作者的责任感和敬业精神决定；而引导学生实现更高层次的个人成长和发展，则需要工作者具备丰富的人生经验和独特的个人魅力。

（五）问题性归因上的偏差性

理解学生为何会出现行为失范或违反校规的情况，是高校管理者采取有效干预策略的关键。在中国高校的学生管理体系中，长期以来采用的问题性归因视角，倾向于将偏离常规行为或触犯纪律的学生标定为"存在问题的个体"，并认为需从道德观念上对其进行教育，从行为层面上加以矫正。在这种归因视角下，教育者与受教育者之间自然形成了上级与下级的模式，双方的沟通互动转变成了一种单向的传授过程，其中包含了道德准则、思想理念及规章制度的灌输。实质上，"问题性"这一概念，是高校对学生心理状态、思维方式和行为表现偏差的一种构建和解读方式。

三、高校学生管理的构成因素

（一）高校学生管理主体

1.高校学生管理主体的定义

随着高等教育领域的不断拓展，高校学生管理工作正遭遇一系列严峻考验。要想有效推进这项工作，关键在于充分调动和利用高校学生管理主体的效能，以促进学生工作的顺利实施。当我们探讨高校学生管理的主体时，首要任务是明确其概念内涵。

高校学生管理主体，指的是那些凭借专业知识与技能，而非仅凭体力劳动，来参与和负责学生管理活动的组织和个人。这些主体作为高校学生管理工作的发起者、责任承担者及行动执行者，与管理的对象——学生群体形成对应关系，扮演着主导学生管理活动的重要角色。

2. 高校学生管理主体的组成

高校学生管理的主体大致可划分为两大类别：首先是个人层面的管理者，这类主体直接负责、启动、协调和执行学生管理工作，包括学校的各级领导、任课教师及学生工作部门的职员等，他们作为个体教育者，在学生管理中发挥着直接作用；其次是团体或机构层面的管理者，这类主体同样承担着规划、启动、组织和执行学生管理任务的角色，但以团队或部门的形式运作（如学生事务部、心理健康辅导中心、学生资助办公室、职业发展指导中心等），它们为集体教育者。

高校学生管理主体在学校中占据着极其重要的位置，是近年来增长最为迅速的群体之一。学生管理主体展现出的卓越学习能力和创新精神，能够使其在实践中不断提炼新知，运用现代科技和知识资源，显著提升自身的工作效能。

3. 高校学生管理主体的特点

鉴于高校学生管理任务的复杂性、长期性、创新性和实践性，高校学生管理的主要参与者表现出如下特征。

①高校学生管理工作的核心在于其主体所展现出的强大主观能动性，这具体体现在三个方面：一是主动性，意味着管理主体能够自发地、积极地投身于学生管理的各项事务中，并展现出高度的行动力；二是主导性，即在整个管理过程中，管理主体始终占据引领和掌控的地位，确保工作的有序进行；三是创造性，它要求管理主体在面对高校学生管理的复杂局面时，能够勇于尝试、敢于创新，以开拓精神和创新能力不断推动工作向前发展。

②鉴于高校学生群体的多样性及其随年龄增长而显现的显著变化——生活条件各异、知识水平提升、性格逐渐成熟，并伴随着生活经验的积累和科学文化素养、抽象思维能力的增强，高校学生管理主体的工作职责更显重要且具挑战性。为了更好地履行规范、指导与服务的职责，管理主体需保持工作兴趣，这不仅是对学生成长负责的体现，也是其在持续的学习

与培训中不断提升自我,最终在学生管理岗位上实现个人价值与社会贡献的坚实基石。

③高素质人才培养的关键在于高校学生管理主体需拥有卓越的专业能力。鉴于高校学生管理工作的高度专业性和学生需求的多样性,管理主体必须具备深厚的专业素养,以有效应对复杂的工作挑战,确保能够胜任并出色完成本职工作。

④在高校学生从青涩走向成熟的转型期,管理主体不仅是指导者,更是榜样。学生们在面对社会挑战时往往经验不足,而管理主体凭借丰富的阅历和经验,在与学生的互动中自然而然地发挥着示范引领的作用。

(二)高校学生管理客体

1. 高校学生管理客体的定义

在哲学的范畴里,客体通常指的是人类意识和行动所指向的目标,它是相对于主体存在的客观存在。客体在与主体的交互过程中,不仅展露出自身的固有属性,同时也对主体的行为产生限制和影响。在高校学生管理的语境下,尽管这一管理活动同样是目标导向的,但它所面对的客体并非纯粹的物质世界,而是活生生的高校学生群体。与传统哲学意义上的客体概念有所区别,高校学生管理的客体聚焦于人与人之间的互动,而非人与物的关联。这里的客体划分并不依据物理属性,而是基于人际关系的维度。尽管高校学生管理的客体在定义上与哲学中的客体有所差异,但哲学的思维和理论仍然为理解学生管理的客体提供了深刻的洞见和分析工具,有助于我们更全面地把握学生管理的本质和规律。

高校学生管理工作的核心目标在于对学生进行规范、引导与服务。这一管理活动的实施者,即高校学生管理主体,其主要任务是面向学生群体展开各项工作,而学生本身则构成了这些工作的主要对象,即高校学生管理的客体。

作为高校学生管理工作的接收方和被动参与者,学生们在接受管理主体所提供的教育与影响的同时,也在不断提升自己的思想政治理论水平和心理素质。在与管理主体的互动过程中，学生并非完全被动，他们通过自身的反应和需求反馈，实际上也对管理主体的工作产生了影响。作为具备独立思考能力的个体，在社会化的进程中，学生会根据自身需求作出选择，更愿意接纳符合自我发展需求的教育。因此，高校学生管理主体在开展工作时，必须充分考虑学生的真实需求，不断优化和调整管理策略，以确保能够更有效地指导、规范和满足学生的服务需求。

2.高校学生管理客体的类型

学生被视为管理活动的客体，依据学生的个人基本信息，诸如性别、就读年级、专业领域、学业成绩及性格特质等多维分类标准，可以将学生细分为多种不同的类型，以此来使管理策略精细化，满足不同学生群体的具体需求。与此同时，学生管理的客体范畴还涵盖了各种学生团体，这不仅包括像班集体、学生会、宿舍这样的稳定学生社群，也涉及学生社团、兴趣小组等更为灵活多变的组织形式。

3.高校学生管理客体的特点

作为高校学生管理工作的对象，学生群体展现出独特的个性特征。

①具有客体性。高校学生作为管理工作的客体，其特性主要体现在被动性、可控性和成长性三个方面。被动性体现在学生作为管理主体的行动目标，不可避免地要接受来自管理主体的教育和引导，这是他们作为高校教育体系一部分的自然属性。可控性意味着学生的行为和决策在很大程度上受到管理主体的引导、管理和调控，反映出高校对学生行为模式的规范和期望。成长性则指明了学生在教育和管理的影响下，其综合素养和能力向着高校设定的培养目标不断进步。

②具有社会性。高校学生管理的焦点在于作为自然人的学生群体。自然人通过一系列的学习途径，吸收社会知识、掌握技能并遵循社会规范，逐步将社会的规则和标准内化为自己的行为准则，这一过程即社会化。高校学生正处于社会化的过程中，这一阶段的特点尤为突出。他们身处特定的社会环境中，不可避免地受到来自社会各方面的熏陶和影响，同

时，由于每位学生的生活背景、经历和个性不同，他们的需求也呈现出多样化趋势。因此，高校学生管理主体必须深入了解管理对象的社会联系、背景及外界对其产生的影响，洞察他们在社会化历程中的具体需求。结合自身的实践经验，管理主体可以更精准地对学生施加正面的教育影响，不仅帮助学生更好地适应社会，还能促进自身管理水平的提升和完善。

③具有主观能动性。这一点正是自然人与物体的本质区别所在。高校学生管理的客体与传统哲学理论中的客体存在差异，关键在于高校学生管理的客体是有生命、有思想的个体，他们能够自主判断并根据个人意愿做出行动。学生具备独立思考的能力，拥有自己的观点、见解和实践技能，他们不会被动地、无批判地接受任何形式的教育，而是能够主动地、有选择性地吸纳那些符合自己需求和认同的教育内容。高校学生作为管理客体，能够根据个人的实际需要，有意识地接纳管理主体所提供的教育，并积极参与到这个过程中去。

（三）高校学生管理环境

1. 高校学生管理环境的定义

每一项工作都离不开所处的环境背景，高校学生管理工作也不例外。学生管理环境，可以被理解为影响高校学生管理主体与管理客体的所有外在因素的集合。这不仅涵盖了直观可见的自然环境，还涉及管理主体在工作实践中刻意营造的教育情境和文化氛围。高校学生管理主体在进行学生管理工作时，能够并且应当根据既定目标和学生实际需求，对现有环境进行调整或创新，以创造出更适合学生发展的管理环境。

2. 高校学生管理环境类型

①从影响范围来看，环境可分为大环境与小环境。大环境，即宏观环境，涵盖社会政治、经济、文化等对学生思想行为有深远影响的方面，包括国际与国内两个层面。小环境，则是指学生日常接触的具体学习与生活空间（如寝室、班级等）。它们直接作用于学生，形成局部影响。

②就管理环境而言，可划分为现实环境与虚拟环境。现实环境指的

是那些直接影响学生的现实因素（如学习、生活条件和人际关系等）。而虚拟环境则是随着互联网兴起产生的新概念，指的是网络上的虚拟空间和社区。在虚拟环境里，学生以匿名或化名存在，其行为表现可能与现实大相径庭。

③环境依据其可见性可分为显性与隐性两类。显性环境直观展现为高校的物质与自然景观（如宏伟的建筑、葱郁的植被），这些对学生的身心健康有直接的正面效应。而隐性环境则深藏于高校的校园文化之中，通过一种人文氛围的营造，潜移默化地影响学生的思想观念与心理素质，促进其全面发展。

④环境若按内容划分，则涵盖政治、社会、经济及人际等多个层面。高校作为社会的缩影，其管理环境对学生管理工作至关重要。这种环境在无形中塑造着学生的价值观，规范着他们的行为举止，是推动学生逐步融入社会、实现个人社会化的重要力量。

3.高校学生管理环境的特征

①多维性。高校学生管理工作的环境是一个由多元化元素协同构建的复合体，它涵盖了学校物理空间的布局、设施配置等外在环境，以及学校的价值观、行为规范、学术氛围等内在文化因素。这些不同层面的元素彼此交织、相互作用，共同塑造了高校学生管理工作的整体环境。因此，我们不应将其视为孤立成分的简单叠加，而应当从相互关联的视角来理解其深层意义和功能。由于人的认知具有主观色彩，每个个体对于高校学生管理工作环境的感知和解读都会有所差异。这种多维性来源于个人经历、价值观和思考方式的不同，导致了对同一环境的多重解读和感受。

②动态性。高校学生管理工作的环境要素是动态变化的，它们随着时间的推移和政策的演变不断衍生出新的意义。学校的硬件设施等显性环境会随学校的发展而升级，而校园文化等隐性环境也会在学校的成长过程中被赋予新的内涵。因此，高校学生管理者需具备前瞻意识，持续实践探索，以确保管理策略与环境变化同步。

③可创设性。面对社会与高校的双重进步,现有的管理环境可能难以完全契合学生工作的新需求。此时,高校应主动出击,对管理环境进行适应性调整与创新,以满足学生成长和发展的实际需要。在这一过程中,高校学生管理者需充分发挥主观能动性,有效利用管理环境的资源,推动高校学生管理工作的持续优化与提升。

(四)高校学生管理介体

1.高校学生管理介体的定义

高校学生管理介体,是连接管理者(主体)与被管理者(客体)的桥梁,涵盖了管理过程中的具体内容、方法及策略。它是实现管理主体对客体进行指导、规范和服务的必要途径,集合了多项中间环节与关键要素。

在这一体系中,介体扮演着至关重要的角色,它不仅促进了主体与客体之间的有效沟通与合作,还确保了管理信息的顺畅传递与反馈。没有合适的介体作为支撑,主体与客体之间的相互作用将难以实现,管理过程也将难以推进。正是借助介体的力量,管理者能够深入理解被管理者的需求,双方携手合作,共同达成目标,推动高校学生管理工作的顺利进行。

2.高校学生管理介体的类型

高校学生管理介体依据其性质和用途,可细化为三大类别:内容资源、方法资源及载体资源。

①内容资源涵盖了在高校学生管理中,管理者为影响学生而实施的一系列具体的工作内容(如思想政治教育、心理健康教育、就业指导等),以及引导学生树立正确的人生观、世界观、价值观和社会道德规范的教育素材。

②方法资源是高校学生管理者与学生之间建立联系与合作时所采用的各种方式与手段。这些方法分为硬性方法和柔性方法。硬性方法依据高校制度规范,具有原则性;而柔性方法则更为灵活,可根据实际情况调整。

③载体资源是连接高校学生管理者与学生的桥梁,提供了多种平台

和渠道。这些载体包括高校的各类组织、社团、文化活动及多媒体网络等。

3. 高校学生管理介体的特性

在实际操作中，虽然高校学生管理者会运用多种工具和手段，但并非所有这些都构成高校学生管理的介体。真正的介体具有鲜明的中介特性，它必须满足两个核心条件：一是能够使主体与客体建立联系并有效互动；二是这些介体必须服务于特定目的，即管理者为了满足被管理者的需求和实现管理目标而精心选择的方法和内容，具有明确的指向性和服务性。只有同时满足这两个条件，才能被视为高校学生管理的有效介体。

高校学生管理介体是连接管理者与被管理者的桥梁。为增强其效能，应聚焦管理目标，激发管理者的主观能动性，对现有内容资源、方法资源及载体资源进行整合优化，并探索发掘新的资源。合理开发与利用这些介体，能简化管理流程，激发管理者的最大潜力，通过精准高效的介体为学生提供更全面、个性化的教育引导，进而高效推进高校学生管理工作的整体进程。

四、高校学生管理的时代要求

（一）全球化背景下人才诉求对高校学生管理提出新要求

1. 全球化对人才的要求

在全球化的宏大背景下，人才成为衡量世界各国综合国力的核心要素。换言之，一国的综合国力强弱，根本往往在于其拥有的人才资源。在当今这个紧密相连的世界里，一个国家的国际竞争力受其人才库规模与素质的影响。鉴于此，在全球化的语境下清晰界定并设定人才培养的目标，对于促进人才的全方位成长尤为关键。全球化趋势不仅加剧了竞争，还对人才培养的标准提出了更高层次和更具创新性的要求。

第一，需具备国际思维与视野，保持全球战略敏感性，同时坚守国家认同与民族认同，既不盲目自大也不自卑媚外。在复杂多变的国际舞台上，应坚持和平共处原则，坚决捍卫国家尊严与利益。

第二，需紧跟世界科技前沿，拥有快速学习新技术的能力，并遵循国际标准进行操作。同时，需培养出色的跨文化交流能力，精通至少一门外语，深入了解并尊重各国尤其是目标工作国的文化习俗、价值观及思维方式。

第三，面对复杂多变的国际局势，应具备灵活应变的智慧、广泛迁移的学习能力和深刻的洞察力。在独立思考的基础上，紧跟国际热点难点，深入剖析，力求抽丝剥茧，把握问题核心。

第四，秉持开放包容之心，强化创新能力，拥有海纳百川的胸怀，持续学习新知，乐于倾听不同声音，拓宽思维边界。追求终身学习，紧跟专业领域全球动态，积极吸纳国际先进文化和技术，并有效应用于实践。

综上所述，全球化时代的人才需兼备学习能力、思考能力、创新能力、交际能力和合作能力，力求成为引领世界发展的先锋。确立清晰的人才培养目标后，构建完善的评价机制与体系同样关键，这是加速人才成长、高效达成培养目标的必由之路。

2.全球化背景下高校学生管理的创新发展

随着全球化的深入，世界已紧密联结成"地球村"，各国需适时调整角色与定位。对高校而言，全球化带来了思想观念的多元化、交流合作的广泛性，以及学生管理主体的多样化，促使管理目标更加科学与全面。面对此背景，学生管理工作需在理念、主体、目标三大层面进行创新变革，以有效应对全球化带来的机遇与挑战。

第一，应该重塑高校学生管理的新理念。尽管传统管理理念在过往岁月中不乏发展与创新，但其视野受限于特定范围与地域，导致理念类型与实施方式相对狭隘。步入全球化新时代，学生管理的疆域跨越国界，理念范畴随之无限拓宽，迫切需要我们构建一套契合全球化潮流的高校学生管理新理念。具体而言，需确立以学生为核心的管理哲学，这不仅是对每位学生个体价值的深刻认同与尊重，更是基于全球化对人才独特需求的精准把握。由此出发，学生管理工作应紧密围绕这些核心能力进行布局，确保每一项措施都能精准对接学生成长需求。同时，倡导一种凸显主体、释放潜能、激发创造力的管理方法论。学生作为管理的核心主体，其主观能动性是推动管理创新的不竭动力。管理过程中，应充分尊重学生的主体地位，鼓励其自主探索、勇于担当，通过科学合理的引导，激活学生内在潜能，使其在管理中发挥积极作用，承担更多责任与使命。此外，还应构建一套互动性强、层次分明、整合高效的工作体制。摒弃传统单一、单向、碎片化的管理模式，转而追求一个能够全面整合各方资源、促进信息流通、体现层级协作与互补的综合性管理体系。这样的体制不仅能够提升管理效率，更能确保学生管理工作的全面性、系统性和有效性。

第二，面对学生群体的多元化趋势，学生管理策略必须因人而异，灵活调整。全球化的浪潮带来了学生主体的多样化，高校内不仅汇聚了本国学子，还有来自世界各地的留学生，这要求我们在管理中深刻洞察并尊重各国学生间的文化差异，实施个性化管理策略。进一步而言，即便是同一国籍的学生，在全球化观念的广泛影响下，其世界观、价值观亦呈现多元态势，如何运用社会主义核心价值观，有效引导与培育这些思想活跃的学生，成为现代学生管理者亟待解决的关键课题。

第三，关于高校学生管理目标的重塑，我们需超越传统框架，确立更加高远且全面的培养目标。传统上，我们致力于培养全面发展、服务国家的栋梁之材。而今，在全球化的大背景下，学生管理的目标应当与时俱进，不断拓宽其内涵与外延。这不仅意味着要继续强化学生全面发展的核心使命，更需将目标聚焦于培养能够顺应全球化潮流、具备全球视野与跨文化交流能力的高素质人才。我们的目标应是培养出能够站在全球高度审视问题、拥有广阔胸襟与深邃洞察力的高素质人才，而非局限于某一地域或国家视野的专才。

（二）信息化时代的人才诉求对高校学生管理提出新要求

1. 信息化对人才的需求

第一，要拥有扎实的知识根基和全面的知识结构。在信息化时代，开拓型、综合型的人才必须具备广博的知识基础与完善的知识结构，广博的知识基础包括基础学科知识、经济信息知识和社会宏观信息知识。

第二，紧跟信息技术前沿，精通最新技术。信息化时代，技术革新迅猛，信息以文献、图像、音视频等多维形态传递。为适应这一趋势，信息化人才需持续学习，掌握并熟练运用最新信息技术，投身研发，提供高质量的现代信息服务。这涵盖了计算机操作、网络通信、数据库管理、系统设计与分析等核心能力。

第三，强化信息处理能力。面对海量信息，质量参差不齐、真伪难分，现代信息化人才需练就一双慧眼，运用科学思维，高效搜集、识别、分析、处理和再加工信息。他们需能精准筛选有价值的信息，判断其真伪与质量，进而深度挖掘与整合信息，为决策提供坚实的信息支撑。

第四，鉴于全球化浪潮下互联网技术的飞速发展与广泛应用，全球信息资源的共享达到了前所未有的高度，众多宝贵信息跨越国界流通。因此，现代信息化人才需具备卓越的外语能力。应精通至少一门外语，并具备强大的多语种互译能力，减少语言障碍，以确保在全球化信息海洋中自由航行，高效挖掘与利用国际信息，为工作提供无界限的视野与资源。

第五，对于现代信息化人才而言，其核心价值不仅在于文献信息的整理，更在于对事实型信息的深度处理与挖掘。这就要求拥有坚实的专业知识储备或深厚的相关学科背景。唯有深刻理解行业前沿与基础常识，才能从浩如烟海的信息流中筛选出高价值的专业信息。综上所述，唯有全面提升上述各项素质与能力，方能充分发挥其关键作用。

2. 信息化时代高校学生管理的创新发展

信息化在提升高校管理效率的同时，也对高校的各项职能提出了重大考验，这些考验促使我们必须在学生管理的多个维度上进行革新，具体涵盖管理环境、主体、对象及内容等关键领域。

第一，加速学生管理的信息化进程。面对信息化浪潮，高校应积极构建并维护与学生管理工作相关的网络平台与论坛，确保信息实时更新，上传最新的管理动态与资源，同时加大对学生管理工作的宣传力度。

第二，强化学生管理人员的信息技术应用能力至关重要。在信息化背景下，管理者需熟悉手机、电脑、平板、投影仪等多种设备操作，并掌握QQ、微博、微信等主流信息交流平台，以便高效、实时地掌握学生动态。同时，应能够利用这些信息设施，将管理指令与内容迅速传达给学生，推动学生管理工作的电子化进程，显著提升工作效率。此外，还需具备运用计算机技术分析学生心理健康问题的能力，熟悉心理健康调查模型及电脑检测方法，并能熟练运用办公软件，深入剖析学生心理健康状况。

第三，更新学生管理目标，着重培养学生的信息化素养。在信息化浪潮中，学生管理的目标应拓展至增强学生的信息技术应用能力，使其具备高效处理信息的能力。在日常管理中，我们应引导学生熟练掌握信息技术工具，同时加强自律，自觉屏蔽有害信息，共同维护一个健康、积极的网络学习环境。

（三）新时代中国特色社会主义伟大事业对高校学生管理提出新要求

1. 新时代中国特色社会主义伟大事业对人才的特殊要求

习近平总书记在党的十九大报告中明确指出："人才是实现民族振兴、赢得国际竞争主动的战略资源""要以培养担当民族复兴大任的时代新人为着眼点，强化教育引导、实践养成、制度保障，发挥社会主义核心价值观对国民教育、精神文明创建、精神文化产品创作生产传播的引领作用，把社会主义核心价值观融入社会发展各方面，转化为人们的情感认同和行为习惯"。因此，新时代中国特色社会主义伟大事业对人才提出了更高的要求。

首先,新时代中国特色社会主义伟大事业的蓬勃发展,急需一批政治立场坚定、方向明确的人才。这一"方向"问题,实则触及了"为谁育才"及"育何样才"的核心议题。在青年人才培养的征途上,我们必须精准把握其成长导向,正如习近平总书记所强调的,理想信念如同"精神之钙",对青年人才至关重要。唯有那些将个人梦想深深植根于中国特色社会主义伟大事业之中,矢志不渝地追求崇高理想,树立并践行正确世界观、人生观、价值观的青年,方能成为可靠的传承者,肩负起历史赋予的宏伟使命。

其次,新时代中国特色社会主义建设在人才培养上,始终秉持"立德树人"的根本宗旨,强调"以德才兼备"为标准。古语有云:"德不立,无以成才。"在新时代的征程上,高校学生作为未来社会的中坚力量,其道德品质与理想信念的塑造尤为重要。唯有具备高尚品德与坚定信念的青年,方能担当起社会主义现代化建设的重任,为实现中华民族伟大复兴贡献青春力量。

最后,新时代的风云变幻与崭新特征,对青年人才的适应性与创新能力提出了前所未有的挑战与要求。在全球竞争日益激烈的今天,创新驱动发展已成为提升国家竞争力和综合国力的关键,也是人才强国战略的核心驱动力。中国经济步入新常态,"双创"浪潮涌动,服务业转型升级加速,经济发展模式向创新驱动型转变,"互联网+"等新兴业态蓬勃兴起……这一切都要求我们必须拥有一支具备高度适应性和强大创新力的青年人才队伍。他们不仅是推动服务业高质量发展的生力军,更是激发科技创新活力、引领未来发展潮流的重要力量。总之,新时代呼唤新人才,创新成为推动社会进步的核心引擎,而这一切的根基,则在于我们能否培养出更多思想敏锐、勇于创新、敢于担当的青年才俊。

2. 新时代语境下高校学生管理的创新发展

"中国特色社会主义进入新时代"的论断由习近平总书记在党的十九大报告中首次提出,标志着一个崭新时期的到来,伴随着时代变迁,出现了新的挑战、新的期待与新的发展方向。因此，在新时代背景下，迫切需要对高校学生工作中的关键难题及其解决方案进行深度思考和创新探索。考虑到新时代的显著特点及中国特色社会主义建设对人才素质的全新要求，高校学生管理工作应当在以下几个方面寻求突破与创新。

第一，坚定不移地秉持"以人民为中心"的核心理念，将其作为教育事业的基石，并依托主体性教育的框架，全面促进学生综合素质的提升。社会主义现代化建设的核心在于实现人的现代化转型，而这一转型的根本则在于培养人的主体性。因此，确立主体性教育的指导思想，不仅是社会进步对教育提出的必然要求，也是教育现代化进程中不可或缺的一环。主体性教育强调三大核心：以学生为中心，注重学生的个性化需求；以活动为载体，通过多样化的活动激发学生的参与热情；以实践为导向，鼓励学生在实践中学习、成长。其目标是增强学生的主体意识，激发他们的内在动力，完善他们的人格结构，使他们能够主动地进行自我教育、自我管理和自我提升，从而推动其全面发展。教育，作为塑造未来的重要力量，必须紧跟时代步伐，明确教育现代化的前行方向。教育的持续创新是实现人的全面发展的关键所在。一个能够激发学生主动学习、勇于创造的教育环境，将有助于学生自我价值的发现与潜能的挖掘，引导他们为追求个人理想而不懈努力，最终成长为全面发展的"和谐之人"。

第二，我们应秉持与时俱进的创新精神，致力于培养体系的革新与重构，旨在打造全方位、立体化的高层次人才培养模式。正如捕鱼需多样网具以适应不同鱼类，高校学生工作网络的完善亦需灵活多变，既要精细化运作以聚焦关键，也要结构性调整以拓宽视野。因此，推动教育形式与内容的持续创新，是时代赋予我们的使命。当前，新时代的航标已从"追求物质富足"转向"追求国家强盛"，以实现中华民族伟大复兴为己任，这迫切需要一群怀揣时代精神、勇于创新的高校青年学子作为坚实后盾。为此，高校学生工作应积极响应"宽口径、厚基础、强能力、高素质、重创新"的培育理念，在新一轮人才培养蓝图中，确保知识、素质、能力三者并驾齐驱，平衡好基础平台与个性化发展之间的关系，既强化特色，又紧贴社会发展需求。通过教学内容与课程体系的全面优化，我们不仅要加强实践能力的培养，还要融入研究性教学，双管齐下。具体而言，应构建涵盖通识教育、学科基础、专业教育、学科拓展及实践能力培养的五大课程平台，依据人才培养的系统性、适应性、创新性和前瞻性要求，对课程资源进行整体规划与系统优化，形成一个相互贯通、紧密衔接的"平台＋模块"课程体系。

第三，鉴于社会主要矛盾演变的新趋势，高校学生管理工作亟须解决服务与育人之间的失衡问题，以构建更加和谐的教育生态。首先，要重构高校学生管理的核心策略，从单一的教育与管理模式向教育、管理、服务三者并重的全方位体系转型。这一转型应深植于以学生为中心的理念之中，强调在管理实践中对学生的尊重与信任，确保管理工作精准对接学生个性化成长需求，全面助力其综合素质的提升。在此过程中，敏锐捕捉并满足学生多元化、差异化的需求显得尤为关键，这就要求管理工作不断丰富内涵、创新形式，提升服务的精准度与实效性，并善于从过往经验中汲取养分，持续优化管理机制。其次，为推动服务效能的提升，应建立专业化的学生事务"一站式"服务中心。这一中心的构建基石在于管理与服务的深度专业化，旨在通过资源的有效整合，实现服务流程的集约化与高效化。值得注意的是，"一站式"服务绝非各职能部门的简单堆砌，而是需紧密围绕学生实际需求，结合学校特色与实际情况，进行科学合理的流程再造，构建起一套专业、高效、便捷的学生事务服务体系。同时，应充分利用信息技术优势，搭建信息化网络平台，实现学生事务管理的线上线下融合，进一步提升服务效率与体验。最后，强化主动服务意识，深化服务育人理念。高校学生管理应承袭并发扬"主动教育"的优良传统，不仅着眼于当前，更需具备前瞻性思维，通过预见性的教育引导，帮助学生规划长远发展。在管理实践中，要时刻保持对学生需求的敏感度，主动出击，通过多渠道、多形式的方式，为学生提供贴心、周到的服务与支持。

第四，强化高校学生管理队伍的专业化建设，这一进程与高等教育的迅猛发展、素质教育的深化推进，以及全球化、信息化的时代浪潮紧密相连。构建专业化的学生管理队伍，是高校学生管理走向专业化的基石。首要之举，是加大对学生管理团队成员的职业培训力度，制定详尽的培训蓝图与计划，确保专业成长伴随其职业生涯的每一步。培训应兼顾全面与精准，依据职业生涯的不同阶段、岗位职责的差异性及个体发展需求，设计定制化的专题培训项目，旨在提升管理队伍的专业理论素养与实战应对能力。同时，拓宽国际视野，鼓励并支持管理人员参与国内外高级别的交流培训项目，就前沿议题展开深入探讨，促进知识与经验的双向流动。此外，推动学生工作与学术事务的深度融合也是关键。高校需双管齐下，既要提升学生事务管理队伍的专业化、职业化水准，又要促进其与学术界的紧密合作，让学术理论成为学生事务实践的坚实支撑，同时学生事务实践也反哺学术，拓宽研究的边界与深度。

第二节 高校学生管理能力解析

一、高校学生管理能力的概念和研究意义

（一）高校学生管理能力的概念

任何活动的圆满完成，都离不开一系列内在的主观要素，这些要素的综合便构成了能力，而能力唯有在实践中方能展现与成长。

近年来，我国高等教育蓬勃发展，高校招生规模持续扩张，其办学目标亦随之多元化。高校不仅致力于教学，更承担起丰富学生校园生活、促进其全面发展的重任。在学生管理中，高校扮演着多重角色：作为教育者，通过价值观与理念的传递影响学生；作为管理者，负责日常引导与规范；作为领导者，则负责规划与管理活动的决策。

本部分将高校学生管理能力定义为：高校学生管理主体基于其角色定位，在教育、管理及服务学生的实践中，所必需的内在素质与能力的集合。这一能力旨在提升管理工作的效率与精准度，同时增强其影响力和吸引力，为学生管理工作注入活力与成效。

（二）高校学生管理能力的研究意义

第一，高校学生管理能力的增强，是高等教育普及化和大学功能多元化的自然结果。随着大学职责从单一的教学扩展到科研与社会服务，教师角色可能逐渐从教学育人并重转向专注个人学术，导致学生教育与管理被边缘化。这加剧了教书与育人之间的矛盾，促使学术与学生事务分离，学生工作专业化、职业化成为必然趋势。

第二，深化高校学生管理能力研究，对于提升学生思想政治素质至关重要。高校学生管理需紧跟时代步伐，精准洞察学生成长轨迹，不断充

实教育理论、精进教学技艺、创新工作方法。以专业的素养与能力，引领学生健康成长，成为他们成长路上的导航者与榜样。

第三，高校学生管理能力的提升是保障高等教育质量的核心要素。在高等教育体系中，教学、科研与学生管理共同支撑起人才培养的质量大厦，三者缺一不可。高校在培养创新人才时，不仅要关注学生的智力与能力发展，还应加强非智力因素的培育。因此，高校学生管理工作的价值愈发凸显，亟须构建一支专业且职业化的管理队伍。

强化高校学生管理能力，能直接提升教育质量与管理效能，确保高校更有效地服务于学生的全面发展，从而推动我国高等教育持续进步，为社会输送更多高质量人才，增强国家综合实力。

二、高校学生管理能力各维度的内涵

本研究旨在从三个关键方面对高校学生管理能力进行细分与探讨，分别是职业化能力、专业化能力和知识化能力。通过对这些维度的深入分析，我们将识别出在不同能力范畴内高校学生管理表现的异同，进而为高校提升学生管理水平和效能提供有价值的见解与建议。

（一）高校学生管理职业化能力

1. 职业

《辞海》（网络版）对职业的界定包括两个层面：一方面，职业指的是个人为谋生而持续从事的工作，其特性涉及工作性质、内容及工作方式；另一方面，职业也可视作基于劳动性质和形式的社会分工，形成特定的社会劳动群体。职业对个人而言，不仅关乎生计，还是参与社会、施展才华的平台；对社会而言，职业是实现秩序维护、社会运行及财富创造的关键。

美国社会学家塞尔兹尼克的观点是，职业是个人持续追求以获得稳定收入的市场价值活动，它决定了从业者在社会中的位置。而美国哲学家、教育家杜威则强调，职业不仅能满足个人经济需求，同时承载着服务他人的社会价值。《现代汉语词典》（第7版）则简洁地定义职业为个人在社会中所从事的作为主要生活来源的工作。

整合上述观点，本部分对职业的诠释是：职业是人们持续参与的、带来收入的、具有专业特性的活动，它综合反映了个人的生活方式、行为习惯、情感态度、经济条件和文化素养，同时也是权利与义务的交汇点，以及社会地位的普遍标志。

2. 职业化

"化"的概念蕴含着性质或状态的转变，既涉及属性的变化，也涵盖进程的转化。职业化，从其原始含义来看，指的是某个原本普通的岗位逐渐演变为特定社会群体赖以生存的职业路径。进一步延伸，职业化意味着知识与技能的专业化精进，以及职业伦理与精神的逐步培育。我们可以从两个方面来解读职业化：首先，从个人职业轨迹的视角，这意味着将所从事的行业或工作视为终身事业，倾注热情与承诺；其次，从行业的准入门槛与规范角度来看，职业化要求从业者达到一定的专业标准。职业化水平的高低，是评判一个行业是否成熟的关键指标。

综上所述，本部分对"职业化"的解读是：它代表了一个从非专业背景的普通职业群体向符合专业规范、获得业内认可的专业职业群体转型的渐进过程。在这个过程中，群体逐渐建立起与专业相匹配的地位和声誉。对于个人而言，职业化是一条追求卓越的路径，它要求个体不断提升自我，以满足特定职业的技能和素质要求，最终目标是成为一名杰出的专业人士。

职业的特性通常体现在其目的性、社会功能、稳定性、规范性和群体归属感等方面。一个职业通常由三大要素构成：具备专业资质的从业者与明确的岗位职责、完善的职业组织架构，以及有利于职业发展的环境条件。基于此，职业化的含义可以从以下几个层面来理解：首先，职业化意味着从业者能够将这个职业作为其终身事业，以此为基础在社会中安身立命，持续投身于该领域；其次，职业化要求从业者展现出应有的职业素养，熟练掌握行业所需的专业技能，而非仅仅根据个人喜好或冲动行事，确保专业水准和职业操守；最后，每个职业都有其特定的行为准则或行业标准，职业化强调从业者必须遵守这些规范，其行为举止须符合行业公认的道德和专业标准，以维护职业形象和行业信誉。

3.高校学生管理职业化能力的构成

高校学生管理工作已经取得了长足的进步，逐渐显现出社会职业的诸多特征（如社会影响力、稳定性、集体协作性和目标导向性），并逐步演化为一个成熟且规范的专业领域。在这一进程中，高校学生管理的专业性和职业素养的提升起到了关键作用，推动了其职业化进程的加速，使之与社会其他职业领域并驾齐驱。同其他社会职业一样，高校学生管理工作需要具备相应的职业化能力，这是社会进步的必然趋势，也是该职业自我完善的内在需求。具体来说，高校学生管理职业化能力的构建，即通过持续提升职业素养和专业技能，最终确立并巩固其职业地位的过程。

为了更具体地阐述高校学生管理职业化能力的构成，本书将其细化为三个核心能力：战略管理能力、组织架构能力和规范评价能力。

战略管理能力指的是高校在追求长期稳定发展的过程中，全面审视内外部环境，设定清晰的战略目标，并借助高校学生管理工作这一载体，推动目标的有效落地与实现。这一过程还涉及对目标实施情况的持续评估与适时调整，确保战略规划的长远性、指导性和整体性得到充分体现。在战略管理能力的范畴内，主观能力与客观能力相辅相成。主观能力以人的能动性为中心，涵盖了一系列具体职能的执行，以及规划工具、数据分析技术等方法的应用；客观能力则侧重于规划的覆盖面、所处的外部制度环境及合规性要求。高校应积极增强战略管理能力，使其在发展决策中发挥关键作用，优化资源分配，提升核心竞争力，最终推动高校实现质的飞跃与可持续发展。

组织架构能力本质上是指高校在学生管理领域构建和优化其内部结构的能力，这一结构应嵌入高校整体的组织框架之中。通过精细设计与合理调整组织架构，高校能够更有效地达成既定目标，进而提升学生管理工作的职业化水平。一个设计得当的组织架构，能够显著增强高校学生管理的效能，确保各项任务的高效执行。优化组织架构时，稳定性是首要考量的因素，同时应确保职责分明，依据岗位需求培育人才，并为员工的职业发展提供广阔的空间。强化组织架构能力，对于推动高校学生管理走向专业化至关重要。为此，各部门间需深化协作，运用前沿科技手段加速信息流通；学生管理工作者应主动提升自我，通过持续学习与实践增强个人能力，同时加强与学生的互动，以期在工作中取得更佳的业绩。

规范评价能力实质上体现了个体或组织在面对客观事物时，运用价值判断进行评估的能力。在评价方法上，它通常涵盖量化评价和质性评价两种方式。对于高校学生管理工作而言，规范评价能力特指高校依据既定的社会准则和规章制度，对管理活动进行公正、客观的价值判断的能力。作为一种检验机制，规范评价能力对战略管理能力和组织架构能力的合理性进行评估，为高校提供基于数据和事实的分析报告，进而增强决策的科学性和合理性。遵循规范制度进行评价，有助于确保学生管理工作的标准化与规范化，提升管理效能和公信力。

（二）高校学生管理专业化能力

1. 专业

《辞海》（网络版）将专业界定为三个层面。教育领域内，指高校或中专依据社会分工设立的学业类别，其教学计划反映专业培养目标；产业领域内，则指按产品生产过程划分的不同业务环节；而个人层面，则指专注于某一职业的个体（如养蜂专家或文艺家）。

2. 专业化

专业化，作为社会学概念，描述了一个职业随时间发展，逐渐符合专业标准，成为独立职业并获得专业认可的过程。这一过程具有连续性、逐步性、受规范性及程度差异性的特点。简言之，专业化即某职业从一般性向专门性转变的历程，要求从业者接受专业培训，以专业为职业方向，并持续精进专业水平。

3.高校学生管理专业化能力的构成

专业化是职业化深入发展与细化的结果。改革开放与市场经济的蓬勃兴起，使得社会职业环境日趋复杂，促使各行业不断自我完善以顺应时代变迁。在此背景下，更多职业步入专业化行列，专业化趋势愈发显著，高校学生管理工作也不例外。

高校学生管理工作的专业化，是指该职业群体持续精进其专业素养，逐步达到专业标准，确立职业身份并获得认可的过程。这一过程与高校为之所需的主观条件紧密融合，共同构成了高校学生管理的专业能力体系。

根据学生管理专业化的标准，从业人员可大致划分为几类：拥有专业教育与训练背景、能持续在本领域进行研究的稳定团队；掌握专业知识的人员；享有专业声誉的个体。本部分聚焦于高校学生管理的专业化能力，将其细化为三大核心要素。除了传统的理论研究能力和组织学习能力外，还特别强调了知识创新能力，视其为推动专业化进程的关键成果与重要维度。

①理论研究能力。高校学生管理工作离不开理论支撑，从业人员需具备扎实的理论研究功底。这里的理论，是指从实践中提炼并将其系统化的知识体系。实践孕育理论，而科学的理论又能引领实践方向，并在实践中不断验证与完善。强化理论研究能力，首先，能深化我们对世界的理解，为改造世界提供智慧源泉；其次，它能锻炼逻辑思维，引导我们科学思考；最后，它也能促进学习，塑造正确的价值观。然而，理论若脱离实践，便会失去生命力。因此，提升理论研究能力时，务必坚持理论与实践相结合的原则，深入实际，以实事求是的态度不断探索。

②组织学习能力。高校学生管理中，组织学习是围绕信息、知识和技能展开的一系列活动，旨在达成组织目标，提升专业化水平。这一过程促使高校自我革新，灵活适应学生管理工作的新需求。提升组织学习能力，能有效整合信息与知识资源，提升管理效率，强化知识管理能力，加

速学生管理向专业化迈进，对工作整体的进步至关重要。为此，从业人员需持续学习新知，勇于实践创新，提高应变能力，紧跟学生管理发展的步伐。

③知识创新能力。知识创新能力，是在知识创造与汲取的基础上，探索新进展并应用于相关领域，涵盖知识诞生、流通与应用的全过程。在信息爆炸的当下，知识迅猛发展，已成为核心生产驱动力。高校作为知识创新的摇篮与传递者，对知识创新力的提升需求尤为迫切。这一提升不仅能助力高校高效汲取与运用知识，优化内部结构，还能为学生管理提供科学导向与坚实智慧后盾。

(三) 高校学生管理知识化能力

1. 知识

《辞海》（网络版）将知识阐释为人类认知的累积成果，而《现代汉语词典》（第7版）则将其定义为人们在社会实践中所获得的认识与经验的总和。究其根本，知识本质上是一种认知的集合。

2. 高校学生管理知识化能力的定义

高校学生管理知识化，是指高校运用专门的知识体系与技术手段，优化和提升其管理效能的过程。

过去，教育内容与进度多由学术专家预设，他们已对教学内容的利弊进行了深入分析。然而，随着高校学生管理知识化的推进，信息资源的海量涌现既带来了便利，也伴随着诸多挑战（如信息的真实性验证、质量评估及管理难题），这些都促使高校学生管理知识化迈向更高标准。对比传统课堂，那时的教学辅助工具（如黑板、粉笔、实物标本、传统影像设备及书面教材等）相对有限；而今，教学媒体已极大丰富，涵盖了PPT、电子邮件等数字化工具。教学角色也发生了显著变化，传统上教师是知识的权威传授者，学生则是被动接受者，教师的地位几乎不可撼动。但在高校学生管理知识化的背景下，这种单向传授模式受到冲击，因为信息获取的即时性意味着师生可能同步甚至学生先于教师获得新知，从而动摇了教师的传统权威地位。因此，在高校学生管理知识化的新态势下，教师的角色需重新定位，从单一的知识传授者转变为知识的介绍者与学习的引导者，鼓励学生主动探索，共同构建学习生态。

高校学生管理知识化能力，即高校整合特定知识与技术资源，以优化学生管理水平的能力。这一进程深度依赖新媒体与先进技术的运用，有效推动了学生管理工作的职业化和专业化发展。反过来，职业化与专业化水平的提升，又为知识化能力的培育搭建了坚实的平台，营造了良好的氛围，进而促进了高校学生管理知识化能力的持续增强。

3.高校学生管理知识化能力的构成

根据前文对高校学生管理知识化能力的阐释，本研究将其细化为高校学生管理知识库构建能力、高校学生管理知识协同能力和高校学生管理智能决策能力三大核心要素。

①高校学生管理知识库构建能力。可以将高校学生管理的知识库，形象地比喻为学生管理领域的"智慧宝库"，它汇集了与学生管理工作相关的各类知识与资料，如同一座专业的"图书馆"。知识库中收藏的内容丰富多样，包括但不限于高校学生管理的政策文件、学生特性分析报告、学生活动策划与执行的流程指南等，这些内容构成了学生管理工作知识体系的核心。构建知识库的意义重大，首先，它加速了知识与信息的流通，促进了知识的共享与交流。在高校学生管理的日常运作中，知识与信息的有序管理能极大减少工作人员查找所需资料的时间，从而加快知识的流转速度，提升工作效率。其次，知识库还充当了不同学生管理组织间协作与沟通的桥梁。通过记录和分享学生管理中的成功案例和创新解决方案，知识库为其他管理团队提供了宝贵的学习资源，促进了最佳实践经验的广泛传播。尤其值得注意的是，学生管理工作往往涉及复杂多变的流程和细节，资深管理人员积累了大量宝贵的实战经验。为避免因人员变动导致知识流失，知识库的一项关键功能是保存这些流程与方法，确保新入职的员工能够迅速获取所需信息，更快地胜任岗位。

②高校学生管理知识协同能力。高校学生管理的知识协同，实质上

是在合适的时间，将最合适的学生管理知识精准送达给最需要它的人员。在实际操作中，高校学生管理常遇到"信息孤岛"、"应用孤岛"和"资源孤岛"现象，加之非结构化信息与零散知识的管理困难，如何打破时空界限，整合分散的学生管理知识碎片，使之适应高校学生管理工作的发展需求，成为亟待解决的课题。构建高校学生管理知识协同平台，是解决上述问题的有效途径，它能显著提升学生管理人员检索知识的效率。借助这一平台，用户可以轻松获取最新、最热门的知识库内容，通过权限设置和部门划分，还能直接对接领域内的知识专家，深入了解知识社区中有关特定知识研究的前沿动态。这不仅极大地拓宽了管理人员获取信息的渠道，还促进了跨部门的学生管理知识的无缝共享。知识协同平台的搭建，不仅实现了知识在不同部门之间的自由流通，还为高校学生管理知识的传播与创新营造了良好生态。通过平台的展示与交流，知识的更新迭代变得更加频繁，促进了知识的创新与深化。

③高校学生管理智能决策能力。智能决策能力体现在高校学生管理中，通过深度分析与整合学生管理领域的知识资源，实现双重目标。首先，高校能够为师生提供智能问答服务，即时解答各类咨询，提升服务效率与体验；其次，面对学生管理工作中的紧急事件、复杂情境或关键决策时，高校能够汇总分析多方信息，依托积累的学生管理知识和以往的成功案例，由经验丰富的专家或专家团队进行全面评估，从而作出明智的决策。

学生管理领域的专家，是指那些擅长运用自身精湛技能解决复杂学生管理难题，并能提出针对性解决方案的个体。为了强化高校的智能决策能力，可遵循以下策略。首先，识别并珍视组织内拥有核心知识与管理智慧的员工，通过建立专家系统给予他们应有的认可与激励，以激发其积极性和创造力。其次，应充分展示各学生管理部门的独特经验与管理精髓，通过深度挖掘部门内部的知识资源，评估其专业人才数量与质量，以此作为衡量部门管理水平的重要标尺。再次，需重视并挖掘学生管理专家的隐性知识财富，将这些宝贵的专业知识系统化、显性化，不仅积累成丰富的知识资产，还能防止知识垄断带来的管理瓶颈。最后，发挥专家的示范引领作用，促进整个团队的成长。理论上，每位成员都有可能在特定领域成为专家，拥有独到专长。因此，构建专家系统不仅是对专家的表彰，更是对全体管理人员的激励，旨在营造一种崇尚专业、乐于分享的氛围。

三、基于知识的高校学生管理能力的提升

（一）基于知识的高校学生管理战略能力的提升

在高校学生管理中，知识是不可或缺的基石与关键资源。将知识置于管理战略的核心位置，是提升高校管理战略能力的重要一环。因此，高校学生管理必须高度重视智力资本的积累，致力于培养并吸引具备高水平知识、卓越专业能力、创新思维及强烈自我驱动力的管理人才。管理工作的核心应聚焦于知识的创造、转化、更新与增值，通过这些环节推动管理效能的持续提升，进而实现工作业绩的飞跃。

1.基于知识的高校学生管理战略制定流程

以促进学生工作知识的创新、流通与实践为核心，基于知识的高校学生管理战略旨在通过综合策略，优化技术、组织架构、人力资源及组织文化，以贴合学生管理的实际需求。简言之，这一战略为高校学生工作的知识管理提供了方向性指导和行动蓝图。以下是制定该战略的具体流程。

①在审视高校学生管理的外部环境时，我们需从知识视角切入，全面剖析其宏观、中观和微观的多层次环境。宏观环境涵盖了社会政治生态、经济发展态势及文化变迁趋势，这些均对人才培养提出了新的期待与挑战。中观环境则聚焦学校所处的地域特色（如人文底蕴、经济活力及自然风貌），它们不仅塑造了学校的育人理念，还深刻影响着学校的战略规划与定位。而微观环境则直接触及学校内部的具体状况，分析的目的在于精准把握学校基础条件，确保高校学生管理能够迅速响应环境变化，成为

战略制定的核心驱动力。

②高校学生管理的内部环境分析,实质上是对学校学生管理现状的一次深入体检,旨在确认学校是否已具备或能否有效调配实现管理目标所需的各类资源。这些内部资源广泛涵盖了人力资本层面,如教师团队、领导核心、后勤支持及学生群体;财务资源层面,包括资金来源的稳定性、经费投入的充足度及固定资产的支撑力;硬件设备层面,如教学设施、科研仪器、图书资料及实训基地等;管理途径层面,涉及学生培养模式、教学方法及手段的创新与优化;文化软实力层面,体现为学校的文化底蕴、校风建设等精神风貌;就业导向层面,关注就业资源的整合与就业渠道的拓展。

③高校需系统梳理核心知识,基于战略目标,融合关于内外部环境的综合分析,精准定位学生管理战略。遵循分类指导、服务导向、效益优先和比较优势等原则,明确管理目标、层次划分及培养要素,以更好地适应社会发展需求与人才培养目标。此定位不应仅限于政府或学校高层的宏观设定,而应细化至实现路径、具体措施,并融入管理人员与学生的共同愿景与期望。

④高校学生管理的核心知识定位涉及专家、专业知识及知识应用情境三个方面。其中,专家定位旨在发掘并依托在学生管理领域具有深厚经验与解决复杂问题能力的资深人员,以其为引领,培养更多专业人才,形成各领域的专家团队。

高校学生管理专业知识的定位,是基于学生培养目标和模式,对相关知识进行系统化整合的过程,它不仅是学生管理工作持续进步的基石,也是衡量高校管理综合实力的一个重要标志。

而高校学生管理知识应用情境的定位,则是通过分析学校所处的内外部综合环境,结合其特点,明确核心知识领域,进而构建出一个集知识整合、交流、创新及知识资本化于一体的战略框架体系,确保知识体系与高校学生管理实践紧密融合,相得益彰。

⑤高校学生管理的知识导向型组织设计，遵循现实性、适应性、有机性、多样性和一体化原则，旨在打造具备鲜明专业特色的组织结构。这种设计倾向于构建扁平化、灵活多变、多元融合且网络互联的组织架构。

⑥知识驱动的高校校园文化，是历经岁月沉淀而形成的，对学生管理、师生发展具有深远影响。它凝聚了学校的办学精髓，包括独特的院校精神、悠久的历史传统、明确的价值观念、规范的行为准则及清晰的发展愿景。校园文化改革的核心在于强化核心价值观，提升管理品质，并深入挖掘与利用高校在历史管理中的文化资源。

⑦制定基于知识的高校学生管理战略方案，需全面考量内外部环境、核心知识资源、组织设计优化及校园文化特色等多维度因素。在有效整合、顺畅沟通、持续创新知识，并构建知识资本战略的基础上，精心挑选并制定出与高校学生管理目标高度契合的战略规划。

2. 基于知识的高校学生管理战略融入整体管理战略体系

确立高校学生知识管理的长远愿景，旨在让每位管理人员明确，为实现学生管理的战略目标，应采取哪些关键的知识管理策略。这样，每位员工的行动都能与愿景保持高度一致，共同推动战略目标的实现。这要求高校从全局视角出发，探索战略与知识之间的桥梁，即根据当前战略执行力和未来目标，识别能力短板，并确定知识管理如何填补这些短板，以支持学生管理工作的整体战略发展。此外，还需从知识管理策略层面出发，精准把握学生管理能力提升对知识管理的具体需求，确保这些需求与高校的整体战略发展方向相契合。

①高校学生知识管理战略目标。高校学生管理各阶段的战略差异，决定了在引入知识管理时需各有侧重。其战略目标可概括为以下三个方面。

a. 提升管理水平。将知识管理融入日常学生工作流程，标准化优秀管理经验，明确关键知识领域，促进知识共享与创新，从而提高工作效率和管理效能。

b. 促进经验快速复制。面对学生事务的多样性和变化性，通过快速复制知识管理成功经验，构建高效的新进人员培训体系，加速能力传承。

c.强化信息共享。针对学生管理信息量的激增，构建跨部门协同的信息共享平台，实现信息透明化，打破部门隔阂，增强整体工作的协调性和提高工作效率。

②针对高校学生工作的多元特性，探讨适用的知识管理策略。高校学生管理范畴广泛，不仅涉及学生活动组织、就业指导服务、心理健康辅导等核心教育管理任务，还涵盖了针对学生工作人员的专业培训与团队建设。鉴于各部门及业务领域的差异性，知识管理策略需灵活调整，以适应各自的需求与特点。

3.从系统的视角提升高校学生管理战略能力

采用系统化思维规划高校学生管理战略，有助于管理者明确管理路径，激发创新管理方法，进而增强管理效能，为高校实现跨越式发展提供持续的精神活力与智力支撑。

系统是由多个相互关联、相互作用的组成部分构成的统一体，其结构决定了整体的功能与运作方式。在构建管理战略时，需深刻把握系统内各要素间的内在联系，同时紧密结合外部环境，遵循实事求是原则，确保系统、要素与环境三者和谐统一，以达到最佳管理效果。从系统角度规划高校学生管理战略，核心在于协调好组织、环境与人三者的动态关系。

组织，作为实现共同目标的群体，通过既定规章制度引导成员行为。它构建于人员、目标及规则三大基石之上。高校学生管理部门正是这样一个组织，其战略管理的成功依赖于每位成员的贡献。通过有效激励，激发成员的潜能、热忱与创造力，确保他们全力以赴地追求组织目标。唯有如此，战略管理才能在学生管理组织中顺利推进并取得实效。

环境对人的影响微妙而深远。在制定高校学生管理战略时，需从系统角度出发，紧密结合外部环境与内部管理实际，探索适宜的解决方案，以满足现实需求。

人是组织中最具活力但也最难驾驭的要素，其主观能动性对战略实施至关重要。设计管理战略时，必须充分考虑人的因素，因为人既是战略的执行者，也是其影响的接受者。高校管理的核心在于满足学生合理需求并保障学生权益，这是所有管理努力的起点与归宿。

通过系统化的视角来规划大学的学生管理策略，可以确保机构、生态环境与个体要素的有效融合。这种策略从宏观层面推动高等教育机构的进步，增强其市场地位，核心目标在于全面支持并加速学生的个人发展与才能培养。

（二）基于知识的高校学生组织架构能力的提升

若着眼于知识的传播，那么在高校学生团体中，知识应当能够顺畅传递，并在负责学生事务的工作人员之间广泛分享。这要求高校精简并改进学生组织的架构，挖掘并利用其内在潜能，以此营造一个有利于知识流通的环境。

1.基于知识的高校学生组织架构的原则

高校学生管理工作主要围绕学生展开。鉴于外部社会环境的持续演变，学生管理机构需适时实施革新策略，这些变革举措应严格遵循组织设计的基础准则。

①核心能力导向原则。高校学生管理的核心能力是衡量管理水平的关键，设计组织架构时应以此为核心，集中优质资源和人才于关键管理环节，以提升整体管理水平。

②灵活应变原则。鉴于高校学生管理面临问题的多样性和突发性，管理组织需具备高度的灵活性，迅速响应环境变化，以避免潜在问题造成严重后果。

③知识价值最大化原则。知识是高校学生管理的核心资源，组织设计应围绕知识优化，充分挖掘和发挥知识的潜能，确保知识在学生管理中得到有效利用，实现价值最大化。

④精简层级原则。传统高校学生组织层级繁复，阻碍知识流通与共

享。因此，基于知识管理需求，应精简层级架构，打破冗长层级限制，促进信息畅通无阻。

⑤组织动态适应原则。虽然稳定性是组织的基础，但过度僵化则限制了组织的灵活性。面对学生个性需求的增长及外部环境的快速变化，高校学生组织应具备柔性，即能够随时间与情境的变化灵活调整，保持组织的适应性和可塑性。

2. 基于知识的高校学生组织架构的模型

高校的学生组织体系正经历着转型，由传统的层级分明的金字塔结构转向更现代化的双核心互动式扁平化架构。在此过程中，中间管理层的作用逐渐淡化，通过扩大管理范围和简化管理层级，可显著提高工作效率。同时，强化"学生服务中心"与"学生工作知识库"之间的互动，能有效提升学生管理工作的效能。以知识为基础的高校学生组织框架呈现出如下特点。

①建立"学生服务中心"，以强化对学生发展的支持功能。在高校学生管理中，"以学生为中心"的理念意味着将服务学生视为首要职责。由此，高校学生管理采取了一种服务导向的教育方法，其中，学生管理者扮演着指导者、启迪者和勤务员的角色。通过建立"学生服务枢纽"，高校能够在提供服务的过程中彰显学生管理的价值。"学生服务中心"涵盖了学生日常生活中的多个领域，它不限于学术辅导，还包括住宿安排、文化体育活动安排、兼职机会提供及职业规划指导等，为学生提供全面的服务体验。

②建立"学生工作知识库"，以强化学生管理领域知识的积累与升华。该知识库通过"学生服务中心"内设的知识协调员，收集、编纂并传播与学生工作相关的各类知识，所有资料集中于"学生工作知识库"。在这里，知识被细致分类、系统整合、妥善保存，并进一步提炼与创新，随后将这些经过加工的知识与创新反哺至"学生服务中心"的各个分支。"学生工作知识库"内设知识入口网站、学生工作文献库、理论探索单元、

学术进修部门及专家咨询系统等，共同致力于高校学生管理工作知识的管理和应用。

③"学生服务中心"与"学生工作知识库"的双向互动，促进了高校学生管理水平的螺旋式提升。"学生服务中心"作为学生管理活动的知识发源地，在日常事务处理中孕育出丰富的知识，同时，它也是"学生工作知识库"理论成果的"试验田"，将后者创新的知识应用于实际学生工作中，让新知识在实践中得到验证，并迅速反馈其成效。相反，"学生工作知识库"则扮演着接收一线实践知识的角色，同时肩负起知识的梳理、整合与创新的任务，为学生管理的具体操作提供指导依据。"学生服务中心"与"学生工作知识库"借助知识的流通与共享机制，持续精进学生管理服务，促使高校学生管理能力呈现螺旋上升的趋势，实现了理论与实践的紧密结合与相互促进。

④为了增强对知识的宏观规划与管理效能，建议设立高校学生知识管理委员会。鉴于学生管理工作中，招生、就业、日常管理等部门均与知识管理紧密相连，该委员会的设立可与执行委员会相辅相成，促进双方工作的高效协同。

⑤为加速知识流通，减少传递过程中的损耗与误解，学生管理组织结构应趋向扁平化、弹性化。通过减少管理层级，实现更加直接的管理沟通，同时构建灵活的动态团队，以激发工作人员的积极性，增强组织的适应性与反应速度。

3. 基于知识的高校学生组织架构的作用

从学生管理工作的知识需求出发设计组织架构，能够显著提升知识在系统内的流通速度，促进知识快速共享，激发学习型组织的形成，并强化团队协作与提升学习效率。

①构建宽松民主的学生工作环境，能激发工作人员的自主性和创造力。在共同愿景的引领下，管理氛围趋向自由开放，促使员工从被动接受任务转变为积极追求个人价值的实现，显著提升工作主动性与热情。

②促进组织结构向项目化、网络化转型。鉴于知识的流动性和人员的灵活性，学生管理人员根据项目需求灵活组队，形成研究或学术小组，依托现代网络工具（如QQ群、微信群和视频会议等），进行高效沟通与协作。项目结束后团队解散，成员根据新项目再次组合，确保知识在学生管理领域内持续流动与共享。

③构建学习型学生管理团队，从知识更新角度出发，促使学生管理人员紧跟高校内外最新动态，持续学习成长，激发管理人员的学习热情和钻研精神。这不仅是学生管理团队发展的需要，也是个人不被淘汰的必然要求。

④强化高校学生管理团队的协作精神至关重要。学生管理是一项复杂的系统工程，需要管理人员、学生及社会用人单位的紧密合作，以确保教育目标与社会需求相契合，从而提升管理效率与质量。

⑤促进学生管理人员之间的互动、交流与知识共享。这种交流不仅限于学生管理团队内部及各部门之间，还延伸至学生、社会及其他高校，有助于全面把握学生需求、社会期望及行业最佳实践经验，为学生管理工作的持续优化提供宝贵建议。

（三）基于知识的高校学生规范评价能力的提升

以知识为导向的高校学生管理评价体系中，应秉持全面性、客观性、真实性、规范性及发展导向性的核心原则。评价的核心并非仅仅为评价而评价，而是旨在通过评价促进管理的持续进步与发展。全面性与客观性相结合的原则，强调在评价过程中既要全面覆盖学生管理的各个层面，从宏观视角把握全局，又需细致入微，深入各部分细节，实现整体与局部的和谐统一。同时，这一过程必须秉持客观立场，确保评价结果的公正性。真实性原则是评价活动的基石，它要求整个评价流程紧密依托事实，确保每一步骤、每一环节都基于真实可靠的信息，从而保障最终评价结果的准确无误与值得信赖。规范性原则聚焦于评价方法与标准的科学合理性，要求这些方法与标准不仅需经过精心设计与严格审定，更需在实施过程中得到不折不扣地执行，以确保评价结果的严谨性与科学性。而发展导向性原则，则既是高校学生管理评价所应遵循的准则，也是其追求的最终目标。它倡导对评价结果进行深入分析，针对发现的问题提出具有前瞻性和指导性的改进建议，以推动学生管理工作的不断优化与升级。

综上所述，基于知识的高校学生管理规范评价体系的构建与运行，离不开完善的评价体系与原则的支撑与引导。同时，这一评价过程本身也将反作用于评价体系与原则，促使其不断自我完善与升级，形成良性循环，共同推动高校学生管理工作的持续改进与发展。

1. 知识分类推进高校学生管理相关制度的体系化

高校学生管理中的知识分类体系，实质上是在学生管理信息系统内设定的一种知识辨识与获取框架。通过这一分类模式，可以全面概览学生管理领域内所有知识的分布情况，确保在需求出现时，能够迅速定位并获取有价值的知识资源。

①高校学生管理知识分类对高校学生管理相关制度体系化的作用。

a. 清晰呈现高校学生管理制度的总体框架与结构；

b. 全面标注并分类管理所有相关高校学生管理制度；

c. 建立制度间的互链导航，便于从类别直接访问到关联资源；

d. 助力高校学生管理人员迅速定位所需制度资源；

e. 利用内容分类，合理归类信息提供者提交的资料；

f. 依托知识分类体系，实现制度内容的高效更新管理。

②构建高校学生管理知识分类的原则。

a. 独立性原则。知识分类时，需确保各规章制度间界限明确，避免同一管理事件受多重制度约束，以免给管理人员或学生带来困惑。

b. 易用性原则。分类体系应贴近管理人员的使用习惯，确保制度定义清晰易懂，便于快速检索所需制度。

c. 稳定性原则。构建学生管理制度体系时，需从全局考虑，确保体系相对稳固，减少不必要的变动。

③高校学生管理知识分类的方法。

a.此设计依据学生管理部门的独立运作特性，尤其适合如学生资助、就业指导、心理健康服务等自主性强的部门。

b.从服务对象角度划分，高校学生管理制度可分为面向管理组织的、面向管理团队的，以及直接面向学生的三大类。

c.根据制度制定层级，高校学生管理制度可细分为国家统一制定的、学校层面制定的，以及学院（系）级自主制定的。

2.高校学生管理工作中知识管理与制度的相互作用

①知识管理是推动高校学生管理工作制度持续革新与优化的重要力量。学生管理的基础在于建立健全的制度体系，它为管理工作的顺畅运行提供了坚实的框架。然而，制度的生命力在于与时俱进，面对外部环境的变迁和学生需求的多样化，旧制度可能不再适用甚至产生阻碍。知识管理的引入，能够促进外部先进知识的吸收及其与内部知识的融合创新，从而催生出适应新形势的学生管理新制度，实现制度的动态调整与完善。

②知识管理过程需紧密围绕高校学生工作制度的需求展开，确保有效供给。高校学生工作制度的更新与升级受到多方因素的驱动，包括国家政策导向、学生实际需求变化及学校自身的制度制定意愿等。从知识管理的视角出发，关键在于主动搜集相关信息，进行系统整合，并及时分享其他高校在制度制定方面的成功经验与案例，为高校提供丰富的知识资源和决策依据，以支持其更加精准高效地制定和完善学生工作制度。

③高校学生管理制度为知识管理提供了坚实的支撑框架。这一框架不仅促进了知识管理的有效实施，还对其成效产生了积极影响。例如，建立知识获取与存储制度能够激励高校学生管理人员积极整合并系统化地保存日常工作中获取的知识与信息，此举不仅降低了知识获取的成本与不确定性，还优化了知识存储的空间利用率。此外，通过设立知识分享奖励机制与部门积分制度，高校能够进一步激发管理人员分享知识的积极性，构建良好的知识共享氛围，有效克服知识管理中的分享壁垒。

④高效的知识管理实践离不开与之相配套的高校学生管理制度。这些制度覆盖了知识管理的各个环节，从知识的获取、积累、存储、检索，到共享、利用、转化乃至服务，形成了一个完整的管理链条。通过精心设计的制度体系，高校不仅能够引导并规范学生管理人员的行为，还能逐步培养他们形成对知识的敏锐洞察力和强烈的管理意识。

3.基于知识的高校学生管理评价机制

在探讨如何精准评估高校学生管理效能这一教育领域的关键议题时，本部分另辟蹊径，从知识管理的视角出发，构建了一套高校学生管理水平评估体系。此体系旨在深入剖析学生管理工作的现状图景、挖掘其内在增长潜力、识别潜在问题与挑战，并广泛吸纳国内外高校在学生管理方面的先进经验与智慧。进一步地，本部分聚焦于知识管理的核心环节——知识的获取、积累、分享、应用及创新，通过细致考察这些方面在高校学生管理中的实际运作状况，揭示存在的问题，推动管理效能的全面提升。鉴于当前针对基于知识的高校学生管理水平评价体系的研究尚显匮乏，本部分秉持科学性、实用性、系统性与可操作性的设计原则，既紧密贴合高校学生管理工作的独特属性，又积极借鉴其他组织在知识管理评价方面的成熟框架与成功实践，最终打造了一套高水平、具有针对性的评价体系。

①知识管理重视程度。这触及了知识管理在高校学生事务中的角色界定，主要涵盖四个方面。一是知识管理硬件配置的强度，即是否配备了专业的办公空间与设备；二是知识管理策略与财务计划的制订，包括是否已形成特定的知识管理战略，并有专项资金的支持；三是高校内部组织架构的设计，即是否设立了专门负责知识管理的部门；四是知识管理负责人在整体管理结构中的地位，具体表现为是否任命了学生工作领域的首席知识官（CKO）。这些维度共同构成了多视角的分析框架，用以评估高校学生工作对知识及其管理重视的程度和投入的深度。

②学生培养质量。学生培养的质量是衡量高校教育成效的关键指标，同时也直观展现了高校学生管理工作的成效。具体而言，学生总数体现了

学校的教育规模；学生的综合能力（包括人文修养、社会责任感、沟通表达技巧等），反映了学生的全面素质；科研能力则展示了学生的学术探究水准；就业状况（如就业比例、职位层次与职业适配度），体现了学生的职业准备程度；而学生获得的社会荣誉，则是学生校外声誉和社会认同度的体现。

③学科建设和专业建设水平。与学生管理紧密相关的学科和专业领域，涵盖了高校学生的思想政治教育、学生管理实务、教育学理论、心理学原理、哲学思考等多门学科，这些学科的专业建设程度直接关联着高校学生管理工作能否获得充分的智慧支撑和理论基础。因此，通过对相关学科的学术团队质量、科研创新能力、学术交流活跃度及课程体系完善程度等多方面进行综合评估，可以全面评判学科建设和专业发展的水平。

④学生管理工作水平。高校学生管理工作的质量是支撑各项学生活动顺利进行的基石。高校应秉持"学生至上"的原则，深入探索并满足学生的实际需求与成长期望。这项工作涵盖了学生活动的策划、组织执行等活动管理；涉及寝室管理、心理辅导、就业指导等日常生活的管理，以及针对学生工作团队的选拔、管理、任用与绩效评估的队伍建设。

⑤知识网络建设水平。知识网络建设的完善程度，直观展现了学生管理知识在实际工作中的应用成效。它着重关注高校学生管理知识库的搭建与实际应用情况，如是否设立了整合性的知识平台，以及是否配备了专为学生工作设计的智能问答与智能决策系统，并关注这些系统的实际应用效果。

⑥校园文化建设水平。校园文化，则是高校围绕人才培养目标，结合教育教学实践，逐步形成的独特价值体系、师生行为模式等内部环境。从知识管理的角度看，校园文化建设的评估，关键在于考察其营造的校园氛围是否积极向上、教师的职业素养与风范是否得到彰显，以及学生的学习风气是否浓厚等。

第三节　高校学生管理的创新措施

一、树立科学管理理念

（一）管理必须坚持以学生为中心

1. 强调人的主体性

首先，人的主体性是其作为活动核心所固有的本质属性，这种属性在主体与客体的交互作用中得以展现和发展，体现为人的自我意识和创造力。基于这一认识，在高校学生管理的情境中，大学生身份具有双重性：他们既是管理活动的积极参与者，即主体；也是管理目标直接作用的对象，即客体。这是因为一方面，高校学生管理的核心在于对大学生的培养与引导，从决策制定到执行落实，再到最终目标的达成，每一步都离不开大学生的主动配合与参与。没有大学生的主体参与，管理活动便失去了其存在的意义和价值。因此，大学生无疑是高校管理活动中不可或缺的主体力量。另一方面，从管理的实际操作层面来看，大学生又处于被管理的地位。这是因为在管理过程中，他们往往需要管理者提供方向指引和必要支持。从这个维度出发，大学生可以被视为管理的客体，接受着来自外部的管理与规范。

综上所述，在高校学生管理工作中确立"以学生为中心"的理念至关重要。这一理念强调管理工作的最终目的是更好地服务于大学生的成长与发展。因此，管理人员应当充分尊重大学生的人格特征，积极激发他们的内在动力与创造力，鼓励他们以更加主动和负责的态度参与到管理活动中来，实现自我管理与自我提升。

2. 注重人的主观特性

人类作为拥有情感和思想的生物，其认知过程错综复杂。理性思考深深植根于我们的欲望与情感之中，正如古语所云，"理因情而生"，这揭示了欲望与情感是理性思维不可或缺的驱动力。若人的本能冲动与情感长期受抑，理性之光也将无从闪耀。

在人际交往中，稳固的心理基础是信息能够畅通无阻交流的基石。当教育者与受教者之间建立起信任的桥梁，后者便更容易接纳前者传递的信息与期望，进而激发出正面的行为反应。在高校学生管理架构中，学生管理人员与大学生群体共同构成了这一系统的核心。实质上，这是一种基于人际互动的管理体系。倘若在管理流程中忽视了人性化的考量，缺乏对师生情感交流的关注，那么激发大学生的积极性和主动性将变得困难。为了克服制度中可能存在的冷硬特性，情感元素应当融入其中，扮演融洽关系的催化剂角色，从而增强学生管理举措的实效性。

情感管理的核心理念在于，管理者在执行管理职能时，应当充分尊重个体的独特性格，深刻体察并考量人的情感需求。在高等教育环境中，情感管理着重于建立教师与学生之间的双向情感纽带，坚决抵制任何可能贬低或损害学生情感的管理行为。要想实现"以情动人"的管理艺术，要求管理者在处理事务时，能够站在学生的立场上，急其所急，思其所思，全心全意地提供服务与支持。此外，管理者还需主动开启与学生的沟通渠道，力求快速掌握学生的实际状况，以便有的放矢地提供协助与指导，最终达成教育与管理的双重目标。

3. 尊重人的个体多样性

①市场经济中一个核心理念是"顾客至上，即使顾客未必总是正确"。在教育领域，学生作为学校的核心群体，其重要性不言而喻，学校工作应围绕学生需求展开。将这一市场理念融入教育领域，可以理解为"学生或许有错，但他们的地位至关重要"。

管理者需深刻认识并接纳这一点，方能有效开展学生管理工作。师生之间应构建和谐的伙伴关系，而非对立状态，因为教育是一个双向互动、共同成长的过程。因此，高校定期组织师生交流活动至关重要，这不仅有助于学生从教师那里获取知识，同时也让教师在与学生的互动中不断学习和进步，实现教学相长。

②学生管理工作的重心应当放在服务上。服务的本质是互惠，因为每个人都同时扮演着服务者与被服务者的角色。一旦失去服务的对象，我们的工作价值和方向就会变得模糊不清。践行"以人为本"的理念是具体而真实的行动，管理者不应仅仅将其挂在嘴边，而应该落实到每一个决策和行动中。

③强调自我管理模式。这种管理模式的核心在于，学生在学校的恰当引领下，采用当代科学的管理技术和理念，对照学校设定的教育宗旨与培养目标，自主管理和调整自己的行为举止与思维方式。

值得注意的是，高校学生管理工作的关键目标之一便是激发学生的主动精神、创新意识和积极态度。从这一视角出发，管理者与被管理者的愿景实际上是统一的，即学生渴望自我卓越成长，而管理者的目标也正是培育出一批批杰出的人才。

在当今这个信息爆炸、经济蓬勃发展且科技进步的时代背景下，引导学生从被动接受管理转向主动自我管理显得尤为重要，这能帮助他们更灵活地应对不断变化的社会环境。为了实现这一目标，教育工作者需要清晰地与学生沟通学校的管理愿景，以此减少学生在传统管理模式下可能滋生的抵触情绪和消极态度，进而促使遵守规则成为大学生自发的内在动力。心理学原理告诉我们，人天生就不愿意被他人控制，却容易受到领袖和榜样的正面引领。基于这一点，学校领导在推动学生自我管理的过程中，应着重关注以下几个关键点。

首先，鼓励学生自主制定管理规则，能显著提升他们的执行自觉性和责任感。

其次，倡导管理环境应更加宽松自由，减少硬性规定，转而强化校园文化的熏陶作用，让规则内化于心。

最后，让学生积极参与学生管理事务，不仅能激发其潜能，实现自我成长与约束，还能培养其健全人格，使其成为符合社会期待的公民。通过轮换管理角色，每个学生都能体验管理他人的职责，增强同理心与沟通能力，同时发掘潜在人才。然而，在鼓励学生自我管理的同时，也需明确指导其管理目标，教授有效方法，确保自我管理路径的正确性与有效性。

构建以表扬为核心的激励机制，旨在激发学生内在动力，引导其正向行为，促使他们充分挖掘并展现自身潜能，进而达成个人设定的目标。以下是几种常见的激励策略。

第一，目标激励法。旨在增强学生责任感，通过设定明确目标，引导学生积极追求，为学习增添明确方向和动力。

第二，信息激励法。利用信息传递制造适度的危机感，促使学生保持紧迫感，不断向目标迈进。

第三，理想激励法。激发学生的自豪感和追求理想的热情，鼓励他们在生活、学习中积极面对挑战，实现自我价值。

第四，精神激励法。通过表彰、授奖等方式，从精神层面激励学生，满足其文化精神生活的需求，推动其持续进步。

第五，物质激励法。利用物质奖励直接激发学生的积极性，满足其日常生活需求，从而使其更加投入地学习和成长。

（二）以引导替代限制

随着社会的迅猛发展，自然科学领域与社会科学领域均出现众多挑战，这些挑战让师生双方均感受到不同程度的迷茫，说明我们在面对复杂事物时，应避免简单化的绝对判断。

管理者应珍视少数人的见解，因为真理有时掌握在少数人手中。面对难以立即解决的问题，尤其是涉及学生创新的议题，宜保持开放态度，不急于下定论。管理者的角色在于明确界限，即何为禁区、何为鼓励探索的领域，以及行为的基本底线。

对于思维活跃、敢于探索的学生，管理者应持鼓励与引导的态度，而非责难或偏见。同时，构建师生之间和谐融洽的关系至关重要，通过心平气和地对话，实现平等的思想碰撞与相互理解。

二、完善学生管理体制

第一，要持续优化并完善学生管理机构的构建，强化其内部协调与组织能力。清晰界定学生管理系统中各部门的层级关系、岗位职责，确保每位员工都能明确自己的角色、责任和权限。

第二，激发基层管理的活力，实施合理授权。现代高校管理不仅涉及思想教育还涵盖行政管理，这一双重职责通过校、系两级分工明确、相互协作的运行机制得以体现。因此，各系应被赋予学生管理的明确职责与相应权力，实现权责对等。具体而言，高校应适当下放管理权限至基层，以便更迅速地发现并处理问题，从而提升整体管理效率。

第三，在推行学分制的同时，实施年级辅导制，旨在加强以系为单位的年级管理，促进专业教学与班级管理的深度融合。这并不意味着削弱班级管理，因为学分制下的班级仍是学生群体的基本单元，应纳入学生管理体系。通过对比分析传统与现行的高校学生管理体制，本部分建议构建精简而专业的学生教育管理部，以优化管理结构。高校肩负着培养社会主义现代化建设所需人才的重任，特别是要致力于培育现代科技领域的接班人和创新者。

从宏观视角出发，构建"精而专"的管理模式核心在于设立一个集中的学生教育管理部，即将分散于各部门的兼职学生管理职责整合至这一个专业系统之中。这一变革实则是对学生管理机制的一次高效整合，由"专兼并存"的间接管理迈向"精专并重"的直接管理，其积极作用显著。一方面，它能促进专业学生工作团队的构建，精简系级管理层级，确保信息流通无阻，显著提升工作效率；另一方面，实现从"小而全"到"精而专"的转变，使学生管理工作更加聚焦于核心领域，形成专业化、系统化的工作体系。此外，高校学生教育管理部还具备多重功能，包括但不限于以下三个方面。

第一，随着科技、经济与信息的飞速发展，高校学生教育管理工作正经历着深刻变革。其内容的广泛性直接导致了管理的复杂性。高校学生教育管理部的设立，如同一座桥梁，连接了从招生、奖惩、勤工助学、心理咨询到就业指导等各个环节，为大学生的全面发展和顺利就业提供了坚实后盾，极大地完善了学生服务体系。

第二，高校学生教育管理部的成立，简化了管理流程，剔除了冗余环节，使工作执行更加迅速且高效。该部门拥有明确统一的工作目标，为学生管理工作的专业化奠定了坚实基础。同时，各系得以从烦琐的学生管理事务中抽身，专注于教学改革，从而推动高校整体教学质量的提升。这一过程无疑促进了学生教育管理工作的专业化和科学化。

第三，高校学生教育管理部通过对全体学生管理干部进行集中管理，实现了人员属性的统一，这种相对集中的管理方式不仅简化了日常工作的安排，还极大地提升了工作效率。

三、健全学生管理制度

（一）依法制定相关制度

高校在管理大学生时，应依据法律法规制定并执行各项规章，持续优化或淘汰既有的规定。应保留并延续过往有效的改革经验和措施，淘汰低效或无效的方法。所有规章制度均需与依法治校的原则相契合。最关键的是，要确保学生的合法权益得到保障，这是规章制度价值的核心体现。

（二）更正错误观念

将法律单纯地视为校园事务处理的唯一工具和手段，这种看法显得颇为狭隘。有些学校往往误解了法制化管理的真谛，将其简单等同于"用法律来统治学校，替代全面管理"。然而，必须明确的是，"管理"二字在此语境下,并非指单纯的控制与约束,而是融合了管理与服务的双重内涵。在校园治理的实践中,管理者应当始终将法律置于至高无上的地位,视其为行动的最高准则。法律的作用远不止于预防、警示和惩处违法行为,它更是引导、评价及预测师生行为的重要标尺。同时,法律还扮演着保护合法行为、激励正面作为的角色,并承载着思想教育的使命。

四、改进学生管理方式

(一)学生管理工作进网络

1. 加强思想教育

提升大学生的自我管理能力对高校而言至关重要,应定期开设网络素养与心理健康教育讲座,就学生上网行为实施正面引导,培养其责任感,使其学会甄别优劣信息,提升判断力。

2. 加强网络管理

首先,高校需优化校园网内容,提高入网门槛,确保信息质量。其次,加强与校外网吧的合作监管,阻截不良信息渗透。再次,合理限制学生上网时长,避免过度熬夜损害健康。

3. 鼓励和引导大学生参加健康活动

进入大学后,大学生普遍感受到大学环境的自由与课程时间的灵活。大学生的闲暇时间增多,高校应有效利用这些时间,组织如计算机技能竞赛、古诗词诵读会、校园歌手大赛等积极有益的活动,鼓励学生参与,旨在让学生在放松之余,实现身心与能力的全面发展。

(二)学生管理工作进社团

1. 提高校园社团文化的活动层次

当前,不少高等院校在推进社团文化发展的进程中,呈现出一种不平衡的局面,即"量"与"质"的差距显著——尽管社团种类繁多,但真正吸引学生积极参与的却寥寥无几;娱乐性质的活动占据了主导地位,而能引发深思或启发创新思维的内容则显得稀缺；校内举办的活动虽频繁，却鲜有能在校外产生广泛影响或获得认可的精品项目。

出现这种状况的根本原因在于，多数社团活动的文化层次和深度未能达到预期，无法满足现代大学生日益增长的精神需求和审美期待。鉴于此，提升校园文化建设质量，使之更加贴近大学生的认知层次和兴趣偏好，已成当务之急。

2.加强对学生社团的管理

首先，学生社团的运作必须严格遵循法律法规及学校规章制度，确保所有活动在合法合规的前提下进行，尊重并执行学校制定的各项管理准则。其次，若社团计划邀请非校内人士参与学术交流或社会政治类活动，需提前获得学校相关部门的批准，以保障活动的正当性和安全性。再次，由学生社团自行发行的针对校内受众的出版物，同样需得到学校授权，并在其监管下进行，以维护校园信息传播的秩序与质量。

3.重视文化活动的长期性与实效性

遗憾的是，有些高等学府仅在重大节日才会筹办各类文化活动，平时文化活动的举办频率极低，这反映出一种过分追求短期效应的心态，忽视了文化活动对学生持续性成长的促进作用。为此，各高校应致力于改变这一现状，注重校园文化活动的实质效果与持续影响力，通过常态化、高质量的活动安排，确保学生从中获得长期的、全面的益处。

第三章 高校教育教学中的教师管理创新

第一节　高校教师教育教学管理概述

一、高校教师教育教学管理的含义

在高等教育领域，教师的教育与教学管理涵盖着宽泛又具体的多个层面。从宏观角度讲，它涉及对教师及其工作职责的调控，旨在优化教学流程和提高教师效能。而从微观角度讲，这种管理聚焦于教师人事管理的细节，包括招聘、岗位调整、绩效评估、奖惩制度及教学活动的监控，同时关注教师间的协作与沟通。高校及教育主管部门作为实施这一管理体系的主体，依据既定的规章、政策和执行方案来展开工作。推动高校教师教育教学管理是出于多方面的考量。首先，通过提升教师教学质量，批量产出高素质人才；其次，它是合理配置与挖掘教师潜能，实现人才价值最大化的途径；再次，作为教育改革的核心环节，它直接关乎教育体系的现代化与持续进步。

二、高校教师教育教学管理的原则

当涉及高校教师的管理时，有一些核心准则需要遵循，大体上，可以将其归纳为以下几个关键领域。

（一）主体性原则

高校管理者应积极践行以高校教师为主体的核心理念，在各项教育管理实践中，始终将教师置于核心地位，这便是高校教师教育教学管理的主体性原则之精髓。此原则深刻体现了人本管理的价值导向，人本管理作为现代管理理论的核心之一，其要点在于激发人的潜能与积极性，强调在管理中深刻洞察人的要素、尊重人的价值、激发人的主观能动性，旨在促进人的全面而自由的发展。将人本管理思想融入高校教师教育教学管理中，意味着管理者需高度重视并充分挖掘教师的价值、潜能与创造力，关注教师的心理体验、道德成长与人格塑造，致力于构建一种基于自主与发展精神的新型人际环境，确保每位教师都能在被尊重、被理解的氛围中，感受到成就与价值，体验到幸福与满足，从而最大限度地释放其教学热情与创新能力。

鼓励高校教师参与自我评价，是高校教育教学管理坚持主体性原则的又一重要体现。传统上，评价往往局限于上级对下级、领导对教师或教师对学生的单向考核，忽视了被评价者——尤其是教师自身的主体性和能动性。为了提升评价的有效性与积极性，应重视教师的自我评价，激发其内在的自觉与主动，使教师以主人翁的姿态积极参与到评价过程中。

（二）权变原则

当面对高校教师管理中的挑战时，教育领导者应当在权变管理理念的引领下行动，这是实施教师教育教学管理的灵活性原则。这一理论最初由弗雷德·菲德勒提出，主张管理者应根据机构内外部环境的动态变化，适时调整管理策略，以适应不同情境下的需求。具体到教师管理，其实质是对个体的关怀与指导，这就要求在管理实践中融入权变思维，根据不同教师的特性与状况，应用定制化的管理措施。

每位教师都拥有独特的资质，这种多样性不仅体现在综合素质的平均水平上，还体现在具体能力领域的差异，以及同一领域内不同元素的差异之中。举例来说，尽管两位教师在身体健康方面可能相似，但在诸如耐力、抗压能力、适应性、道德品质、心理韧性及专业技能等方面，他们可能会展现出截然不同的特质。这些不同的素质直接影响着教师的能力范围和专长方向。因此，高等教育机构的管理者应当借鉴权变管理的智慧，细致考量每位教师的能力强弱和专长所在，精准定位他们的职位，确保每位教师都能在最适合自己的岗位上发光发热，最大化发挥其优势。

(三) 刚柔并济原则

在 19 世纪与 20 世纪之交，美国的资本主义经济体系经历了一段迅猛增长的时期，该时期各大企业的版图急速扩张，然而，由于管理方式的滞后，许多公司面临着严重的效能瓶颈。正是在这个背景下，泰勒的科学管理理念应运而生，它摒弃了以往依赖直觉的管理模式，代之以系统化和标准化的实践，引领了一场从经验主义到科学方法论的革命，显著提升了工作效率。然而，泰勒模式的核心在于制度的严格遵循和员工的顺从，这种管理方式过于僵硬，缺乏对个体差异的考量，因忽视人性因素和创新精神而饱受诟病。随后，一种更加灵活且注重人性化的新管理模式——柔性管理，逐渐兴起。"flexibility"（灵活性）一词在此处被赋予新的含义，不仅指物体的柔韧可变，更象征着管理方式的适应性和变革能力。柔性管理的核心在于，它不受制于刻板的组织架构和固化的规则，而是根据时间和外界环境的变动适时做出调整，这种管理模式能够激发员工的潜能、积极性和创新意识。它的出现，有效地打破了先前刚性管理的局限，提供了一种更为全面的管理视角。

在高等教育的教学与管理领域，融合刚柔两种管理策略至关重要，应当倡导以柔性管理为首要导向，同时适度辅以刚性管理作为支撑。具体而言，当高校确立其指导方针、政策及管理目标时，需确保教师们在遵守既定规范的同时，也能在一个开放包容的环境中发挥主观能动性。为了实现这一点，学校应当搭建平台，鼓励教师积极参与决策过程（如讨论规划、共同设计实施方案），并欢迎他们提出自己的见解与创意，以此打造既有纪律约束又能激发创新活力的工作氛围。

三、高校教师教育教学管理的意义

高校教师管理的重要性不可小觑，总体而言，其关键价值体现在以下几个维度。

(一) 有利于优化高校师资配置

在当代的人力资源管理框架下，系统性和全面性被视为至关重要的原则，这一理念同样适用于高校教师的管理。无论是教师的甄选聘用，还是后续的职业发展培训，都必须兼顾当下社会对高等教育的需求与未来人才市场的趋势，确保高校师资力量能够与时俱进，灵活应对不断变化的社会环境。对高校教师现状的评估与研究，不应局限于局部区域，而要放眼全国，综合考量各地高校教师的成长状况，以形成全面的发展图景。同时，还应关注不同层级、不同类型学校间教师的分布，致力于实现公正、合理的人员配比，促进教育资源的最优组合与平衡发展。总而言之，实行高校教师的教育教学管理，能够有效提升教师队伍的整体素质与专业能力，推动资源的高效配置。

(二) 有利于促进高校教师的发展

近年来，伴随社会的持续变迁与教育体制的深化革新，社会各界对教师队伍的建设寄予了更高期望，这无疑强化了教师在学校体系内的重要程度及其影响力。对于高等教育机构而言，教师群体无疑是不可或缺的宝贵资产。相较于高校内部相对固定不变的教师阵容，大学生群体则呈现出频繁更替的特点。这一对比提示高校领导者，应当将注意力更多地集中于教师的培育与增进福祉上，重视教师职业成长与集体状况，确保其综合效能得以最大化释放，进而为学子及社会输送卓越的教育服务与知识贡献。

管理的至高追求是激发个体的独特性，深入挖掘个人潜力，以及全面彰显人的内在价值。基于此，高校教师的教育与教学管理将超越简单的要求设定、工具性利用及限制性控制，转而聚焦于教师的个人成长与职业发展。学校将把促进教师的进步视为管理的核心任务，通过构建团队研究活动、人才梯队培养、专业技能提升等多维度的支持体系，为教师创造一个利于成长、充满机遇的环境，确保每位教师都能在学术与教学上达到新的高度。

(三) 有利于促进高校教育质量的提高

教师身处教育前沿，直接参与教学活动，是教育工作的核心执行者与专家，他们直接驱动着教育事业的进步。鉴于此，各国均高度重视构建并培养高素质、高水平的教师队伍，以此推动本国教育事业的蓬勃发展。

在高校这一教育阵地，教师是核心力量，对于提升教学质量具有无可替代的作用。无论教育政策如何精准、教学计划与课程标准如何完善、教材如何精良，最终都需依赖高校教师将这些理念转化为教学实际，从而成功培育人才。因此，加强对高校教师的管理，对于提升高校教育质量而言，具有举足轻重的意义。

（四）有利于促进高校教育改革的成功

在全球高等教育的发展蓝图上，教育改革始终占据核心地位，它如同活力源泉，推动着各国高教事业的蓬勃发展。要确保高校教育改革取得成效，需构建多重保障体系，其中，教师的素质是关键。

高校教师是教育创新的实践者，负责将新颖的教育理念、方法与策略转化为现实。他们的高素质，是引领高校教育改革迈向成功的关键驱动力。为此，政府及高校需携手制定一系列教师管理新策略，旨在提升教师队伍的整体素质，并激发其投身改革的热情与动力。这一系列管理举措，为教育改革成功提供了不可或缺的后盾与保障。

四、高校教师教育教学管理对教师提出的素质要求

高校教师的基本素质是评判其能否胜任的首要标准。在教育教学管理过程中，管理者尤为关注教师的这一核心要素。通常，合格的高校教师应具备以下几项基本素质。

（一）能够准确进行角色定位

教师角色是一个融合了多重标准的独特行为准则集合，其核心在于教师的职责使命、职业认知、行为表现及心理素质。历史上，教师始终承载着社会的厚望，被视为学识渊博、谦逊明智、耐心育人、平易近人的典范。无论外界如何界定教师形象，高校教师都应清晰界定并履行好自己的

角色。实际上，高校教师身兼数职，需在不同角色间灵活切换并找到恰当定位。为此，教师应做到以下三点。

首先，确立积极的教师职责认知与职业观念，这两者不仅反映了教师对自身职业本质与价值的深刻理解与评估，还构成了教师自我调适的内在驱动力。正确的职业观念能够激发教师的潜能与创造力，促进他们在教育实践中不断创新；同时，也有助于教师灵活调整职业行为，确保个人与教师角色的高度契合。

其次，良好的心理素养与行为习惯对于教师的角色塑造至关重要。这包括对学生的深切关怀与公正对待、面对教学挑战时的坚定信念，以及自我约束的道德操守。在行为上，教师应展现出良好的职业操守，以模范言行影响学生，妥善处理同事关系，创造性地执行教学任务，并对所有学生及家长保持耐心与尊重。

最后，鉴于高校教育环境的复杂性与多样性，教师需具备多重角色扮演与灵活转换的能力。这要求教师在教学、管理、辅导、监护及示范等多重角色间找到平衡，确保每个角色的有效履行，从而维持教师不同角色的正常运作与持续发展。

（二）具有健康的身心素质

高校教师在其独特的职业环境中，工作紧密关联社会经济，且常涉及专业技术实践，这要求他们不仅要进行高强度的脑力劳动，还需亲自参与并指导学生实践，承担繁重的教学示范任务。因此，高校教师必须拥有超乎常人的精力与体力。

此外，健康的心理状态同样重要。心理素质关乎个体的情感调控、认知能力及心理状态。高校教师应具备敏锐的洞察力、创新思维、积极向上的情感、坚韧不拔的意志，以及自信乐观的生活态度。

（三）具有深厚的专业理论知识

教师的专业理论水平是教学质量的关键所在。对于高校教师而言，要想有效传授学科知识，深厚的专业理论基础是不可或缺的。这既要求他们精通所教学科的全面知识体系，把握学科框架及其内在逻辑；又需紧跟学科前沿，掌握最新研究动态。唯有如此，教师方能透彻理解教材内容，灵活施教，以深入浅出的方式将知识传授给学生，促进学生更好地吸收与掌握。

（四）具有广博的文化知识

学生要实现全面发展，必须汲取丰富的文化知识。而高校教师，在向学生传授这些知识时，自身需先行拥有广博的文化储备。这一必要性源于三个方面。

首先，鉴于各学科间的紧密联系，教师若拥有广博的文化知识，便能更有效地引导学生运用严谨、细致的逻辑思维去领悟和掌握各学科的知识精髓。

其次，高等教育阶段的学生正处于成长的旺盛期，他们怀揣着强烈的求知欲和广泛的兴趣爱好，这要求教师以自身的广博学识来满足他们多元化的学习需求。

最后，从文化知识的深远影响来看，它不仅是塑造个人品格的关键，还能促使高校教师在深厚文化底蕴的滋养下，提升道德判断力，增强对善恶美丑的辨识能力，从而以更加成熟和理性的态度面对自己的职业角色、岗位责任及社会地位和荣誉。此外，广博的文化知识还能使教师紧跟时代步伐，根据各行业动态灵活调整教学内容与方法，确保教育的时效性和针对性。

（五）具有良好的职业道德

教师职业道德，简而言之，是教师面向社会和学生所秉持的道德担当与责任。它不仅是教育的核心驱动力，也是塑造学生品格的关键工具。对于高校教师而言，其职业道德素质通常涵盖以下几个方面。

1. 坚持正确的办学方向

高校教师应持续跟进国家政策，严格遵循教育法规，全面践行教育理念，致力于学生的全面发展，涵盖德、智、体、美、劳等多个维度。

2. 爱岗敬业

爱岗敬业要求教师不仅热爱教育事业，更要钟情于自己的教学岗位，秉持先进的教育理念，遵循学校规章，高效完成教学任务，并积极参与高等教育改革，推动教学创新。

3. 热爱学生

热爱学生则是教师职业道德的重要体现，意味着教师应无偏袒地关爱每位学生，公正处理教学事务，深入了解学生个性，尊重其个人尊严与隐私。

4. 为人师表

教师作为学生的楷模，其一言一行均可能被学生模仿。因此，高校教师在日常学习、工作及生活中，应时刻注意自己的言行举止与风度仪表，积极发挥正面的榜样作用。此外，教师还需不断强化自身的人格修养，塑造一个积极向上的教师形象，做到自我要求严格，待人宽容大度，保持高尚的职业道德与优良的工作作风，在教育事业中默默奉献。

5. 钻研教学

一位优秀的高校教师还需具备深耕教学的热情。这要求他们秉持终身学习理念，持续优化教学方法，逐步形成独特教学风格，以提升教学质量；同时，积极探寻教学真谛，紧跟教育前沿，熟练掌握现代化教学技术。

6. 团结协作

高校教师的工作环境多元，需与学生、同事、领导及外部管理者等多方互动。因此，教师应胸怀宽广，尊重他人，在学校的各项任务中相互学习支持，妥善处理竞争与合作的关系，强化集体荣誉感，并不断提升沟通协作能力。

（六）具有全面的教学能力

高校教师应具备如下的多维度教学能力。

1. 语言表达能力

首先，高校教师需至少达到《普通话水平测试等级标准》二级甲等水平；其次，在教学时，教师应确保发音清晰，意思传达明确无误，同时语言应饱含情感、流畅自然,并展现出良好的逻辑性和科学性。

2. 组织管理能力

高校教师需兼具课堂教学与教学管理的能力,以及引领和组织学生参与课外实践活动的能力。他们应熟悉课外活动的内涵与形式,能顺利安排学生的见习与实习,并具备独立策划与执行相关活动方案的能力。

3. 教学科研与评价能力

在教学科研方面,高校教师应深入理解教学研究的特性、流程与方法,并针对教学实际问题提出有效对策。同时,他们还需具备教学评价的专业素养,了解评价对象、方法及价值,遵循评价原则,实施有效的教学评价。

4. 现代教学媒体应用能力

面对教学现代化趋势,高校教师还应掌握现代教学媒体知识,熟练操作相关技术,并具备一定的电化教学材料编制能力,以适应时代发展和教学变革的需求。

五、高校教师教育教学管理对教师提出的任务要求

一位高校教师需肩负以下核心工作职责。

(一)努力让学生具有扎实的文化课基础

长期以来,人类积淀的精神遗产包括伦理观念、社会习俗、文化学术知识及哲学思考等,之所以能够跨越世代并持续繁荣,在很大程度上归功于教师这一职业的辛勤耕耘。教师如同历史长河中的接力者与文化桥梁,对于文明的承继与创新扮演着重要角色。随着社会的前进与科技的飞速进步,以及知识体系的不断丰富,教师在文化传播与教育中的职责显得尤为重要。因此,为学生构筑稳固的知识根基,成为教师至关重要的一项任务,这一原则在我国高等教育领域同样适用。

高校教师主要通过以下途径为学生打下坚实的文化课基础。

首先，传授文化知识，同时注重学生道德品质与思想觉悟的培养；其次，加强法治与爱国教育，引导学生树立正确的三观，促进其性格、意志与习惯的健康发展；最后，在各类教育活动中注重开发学生智力，全面提升其身心素质。

（二）努力培养学生良好的职业道德

职业道德是职业领域内，从业人员在执行职责时必须遵循的核心原则与行为标准。它不仅是职业身份的基本要求，也是专业实践中不可或缺的伦理框架。职业道德不仅是外在的行为规范，更是内在的精神支柱，它深刻影响着从业者的职业观念、日常习惯，以及对于岗位的热爱与投入。拥有诸如勤勉奋斗、团队协作、无私奉献等高尚职业道德的个体，往往能最大限度地发挥自身专业技能，激发出非凡的创造力与贡献力。相反，缺乏职业道德的个体，即便技能卓越，也难以充分展现其价值。

鉴于高校学生大多即将步入职场，早期养成良好的职业道德显得尤为重要。这意味着高校教师在传授专业知识与技能的同时，还需承担起提升学生职业道德素养的重任，通过教育引导学生树立正确的职业观念，克服传统观念的束缚，提升工作热情，明确职业价值与使命，为学生未来的职业生涯奠定坚实的道德基石。

（三）为学生传授丰富的专业技术知识

专业技术知识，乃是社会生产实践与科学规律深度融合的结晶，它全面涵盖了生产活动中的方法、流程、条件、标准、环境及规范等要素，构成了从业者不可或缺的专门知识体系。在职场实践中，个人所掌握的专业技术知识直接关联其工作质量与效率。具体而言，专业技术知识具有以下显著特点及重要作用。

首先，专业技术知识根植于实践，是对经验的精练总结与理性升华。它不仅帮助工作者精准对接社会发展需求，推动行业进步，还是经营、服务、管理等领域衡量工作成效的核心标尺。同时，这些知识也深深植根于科学理论与实验验证之中，掌握它们，便意味着能够深入洞察技术领域的本质规律，培养遵循科学规律、尊重事实的工作态度，进而显著提升工作效率。

其次，专业技术知识本身蕴含的科学性特质，为学生搭建起一座通往科学殿堂的桥梁。在学习过程中，学生不仅能够获取专业知识，更能逐步培养出严谨的科学精神与创新思维，为未来的职业生涯奠定坚实的创新基础。作为高校教育的关键一环，教师向学生传授精准、丰富的专业技术知识，不仅是在传授技能，更是在塑造未来行业从业者的规范意识与精湛技艺，确保他们在各自的领域内能够游刃有余、成就非凡。

（四）努力培养学生专业的职业能力

专业的职业能力是成功执行职业任务的基础要求。对于从业者而言，它不仅能够帮助自己迅速、精准地应对挑战，还能有效提升个人在行业内的专业形象与声望。在当前社会与科技日新月异的情境下，要想在职场竞争中脱颖而出，具备良好的特定职业能力至关重要。尤其对于高校学生，此能力更是其未来职业生涯的核心竞争力。因此，教师应将培育学生的专业职业能力视为教育的核心任务之一。

（五）积极开展教学研究

投身教学研究，能让教师精挑细选出与教学紧密相关的信息，通过实践的验证，逐步界定清晰的研究焦点。随后，借助实例的剖析、对照与阐述，教师能够提炼出宝贵的教育心得。当这些心得融入实际教学中，便实现了理论与实践的交织与融合，这是教育过程中的重要环节。这一融合不仅促使教师锤炼出独特的专业素养，还能让他们精准识别学生的个体差异，从而实施针对性教学，显著提升教育效果。同时，高质量的教学研究助力教师优化教学手段，更新教育观念，紧跟教育科研的前沿趋势，全方位提升教学品质。鉴于此，大学教师应当将教学研究视为核心职责之一，全心投入，以期在教育领域取得更卓越的成就。

（六）进行就业指导

在当前的市场经济环境下，我国普遍采用了双向选择的就业机制，允许企业和机构依据其运营和发展需求自主挑选人才,同时,求职者也能够在遵循国家政策的基础上,根据个人的兴趣和能力自由选择职业道路。鉴于此背景,高校教师承担起对学生进行就业指导的任务变得尤为重要。

就业指导实质上是一项兼具科学性和系统性的活动,其核心目的在于引导学生建立起健康的职业观念,深化对自己所学专业的认知,帮助学生根据实际情况选择与个人特质相匹配的职业岗位,从而最大限度地发挥他们的潜能。这一过程涉及细致入微的分析,需紧密结合学生个体特征和用人单位的实际需求,构建起学生、高校与用人单位之间的有效沟通桥梁,确保三方利益的最大化。

第二节 高校教师职业发展路径探索

一、优化高校教师管理目标的设计

高等教育机构承载着人才培养、学术探索与社会贡献三大核心使命，其中，科学研究作为高校的职能之一，可追溯至19世纪洪堡大学的倡导；而社会服务职能，则是在20世纪初由威斯康星大学校长范海思首次提出的。因此，教师的职责应当围绕高校的这些核心职能来细化，以确保教师个人的成长与高校整体的发展协调统一。尽管一直以来，我们都在强调教师应兼具教学、科研与社会服务的多重责任，但在实际操作中，往往过度偏重科研与教学，特别是科研责任。这种倾向背后的原因，一方面源于教师自身对其主要职责的认识不足；另一方面也反映出现行的高校教师评价体系对科研成果的重视程度较高（如论文发表、专著出版及科研项目获取），在一定程度上影响了教师的工作重心。在职称评定和岗位竞争中，科研表现往往是主要考量因素，而对社会服务的关注相对不足，这可能导致部分教师在参与学院管理和学科建设方面积极性不高，甚至出现教学与科研时间分配不够均衡的情况。实际上，教学、科研与社会服务三大职能是相得益彰的，三者相辅相成、相互促进。科研是核心驱动力，应当为提升教学质量和社会服务能力提供支撑。当前存在的评价导向不够均衡的现象，需要通过完善评价机制、优化资源配置等措施来加以改进，以更好地促进高等教育事业的健康发展。

在高校教师管理中贯彻以人为本的理念，意味着将教师视为一切行动的核心与最终关怀对象。教师被视为高等学府不可或缺的宝贵财富，采用先进的管理策略能够有效激励教师，激发其内在的主动性、热情与创新精神，从而最大程度地推动高校战略目标的实现。这样的做法不仅有助于培育新时代所需要的、素质全面的优秀学子，还能确保他们的发展路径与新时代中国特色社会主义人才选拔标准相契合，进而为我国在新时代下多维度的稳健发展提供坚实可靠的人才支撑。

二、优化高校教师管理的组织结构

高校教师管理工作的顺畅运行，首先要依赖一个恰当的组织结构。构建一支结构明确、职责分明且兼具高水平素质与高效执行能力的教师团队，能够产生积极的示范效应，提升整个学校师生管理体系的效能。同时，配备一支执行力强、管理细节到位的行政团队，对于推动高校管理现代化进程至关重要，它构成了高校稳定发展的基石。两股力量相辅相成，协同进化，共同营造出有利于高校持续成长的和谐内部生态。

（一）教师队伍结构优化

高校教师队伍的构成元素丰富多样，大致可划分为两类核心成分。首先是直观可见的结构因子，包括教师的学术资格、年龄分布、职称等级、学科专长及学术背景等，这些指标直观反映了师资队伍的整体素质、教学能力和学术研究水平，是高校教师队伍架构中既容易观察又便于量化的关键指标。其次是较为隐匿的潜在结构因子，涵盖教师的思想品德、专业素养、心理成熟度、性格特质与工作态度，以及其职业道德和职业精神等，虽难以具体量化，但这些软实力深刻影响着教师团队的整体效能和稳定性，是衡量高校教师队伍综合实力不可或缺的隐形因素。

着眼于高校教师队伍的优化愿景，目标是打造一个年龄、学历与职位结构均衡，且兼具高水平素质与高效执行能力的教师团队。具体而言，在年龄构成上，应构建一个可持续发展的年龄层次，通过降低教授与副教授的平均年龄，着重扶持一批年龄在45岁以下的学术领军人物，以注入新鲜血液，激发团队的青春活力。在学历层面，应着力提升拥有硕士研究生及以上学位教师的比例，特别强调增加博士研究生级别的教师数量，以增强学术研究的深度与广度。针对专业职务结构，需根据各学科特性及教学科研的具体需求，科学设定各级职称教师的适当比例，适度增加高级职称的占比，以促进学术领导力的提升。而在专业与学术背景的多样性上，鼓励跨学科合作与资源共享，实现优势互补，拓宽学术视野。在潜在的软实力方面，教师应具备高尚的品德与专业素养，拥有适宜教育工作的心理素质与个性特质，展现出无私的奉献精神与敬业精神，以增强团队的向心力与协作精神。

（二）管理组织结构优化

高校教师教育理念的塑造，乃其一切发展与管理目标之基石。欲深入探讨教师教育观的形成机制，我们需关注一系列外在因素，这些因素不仅构成了教师日常教学活动的背景，还深刻影响着教育实践的方向与效果。首先，课堂教学环境作为教育理念形成的微观场域，涵盖了班级规模、教学模式、课堂氛围及师生互动等多个维度，它们交织成一个错综复杂的系统。教师在这一环境中直接传授知识，与学生建立联系，研究表明，课堂教学环境与教师教育观的孕育与发展密切相关。其次，学校的教学工作环境是否具备适度的自主空间，即在遵循国家教育方针政策的前提下，是否能够根据实际情况灵活调整教学目标、内容、方法及教材选择，这对教师的教育实践具有重要影响。一个宽松的学术氛围能够激发教师创新思维，促进教育理念的多样化。此外，教师间能否协同合作，是否能在教学与科研上相互扶持，能否营造出和谐的学术环境，这些都对教师职业热情与教学目标的实现至关重要。再次，高等教育政策体系作为我国实现特定时期发展目标的抓手，其制定基于我国在该时期的总体方针，包括教育目标、方针、规划及评估标准（如"双一流"建设、"211工程"、"985工程"）。然而，部分高校在追求学术影响力和资源优化的同时，可能会在一定程度上影响教育导向，使教学实践更侧重于短期效益，而相对弱化了对学生全面发展和个性化需求的关注。最后，社会文化环境对教育理解的影响不容小觑。在不同的文化背景下，人们对教育的需求与期望存在显著差异。社会文化传统作为历史积淀的一部分,通过代际传承与内化,塑造了人们的心理特质与认知模式。从历史长河中审视,文化传统犹如遗传因子,贯穿整个历史进程,并作用于当下的教育领域。在中国,儒家教育思想历经千年沉淀,其影响力对于教师教育观的形成尤为显著。

综上所述,为了有效地引导高校教师形成正确的教育观念,外部管理工作需遵循一定的策略与原则,首要任务便是依据先前分析的诸多影响因素,进行管理组织结构的优化调整。在社会进步与时代发展的脉络下,构建信息驱动的教学管理体系,打造一个既包容又开放的课堂教学环境,让信息技术的应用成为常态,从而推动教育现代化的进程。信息技术的普及与融合,尤其是互联网的兴起,打破了传统意义上的师生界限,为教育带来了革命性的变化。如今,只要有独到见解与真才实学,无论身份与地域,任何人都可以成为知识的传播者,正如古人云:"三人行,必有我师焉。"这一理念在数字化时代得到了前所未有的诠释,教师的角色不再单一权威,而是转向了多元化的引导者与合作者,从根本上颠覆了以往以教师为中心的教学模式,促进了教育观念的革新。除了信息技术带来的变革,其他形式的课堂教学环境同样重要(如小组合作学习、课堂讨论、角色扮演、探究式学习等),这些互动性强、开放度高的教学方式,能够激发教师的创新精神,促使他们不断优化教学理念,朝着更加先进和有效的方向发展。因此,学校应当承担起责任,致力于营造这样的教学环境,为教师的专业成长提供有力的支持与保障。

为了构建一个有利于学术和科研蓬勃发展的校园氛围,学校应当着力于打造和谐融洽的工作环境。这意味着,学校需具备自主权,能够在不受到非学术因素干扰的情况下,独立设定人才培养的方向、教学的目标、课程的内容、教学的方式及教材的选择。这种自主性不仅彰显了学校的教育理念,更为教师们提供了一个相对自由且宽松的工作空间,在这里,教师们的教育理想得以自由飞翔,不受条条框框的约束。在这样一个充满活力的环境中,教师之间的合作与竞争成为常态。他们既携手共进,共享智慧，又在专业领域内展开良性的竞争，这不仅促进了个人能力的全面提升，还激发出教师们对教学的热情与创新精神。同事间的相互学习与切磋，无形中深化了教师们对教育本质的理解，有助于其教学观念的成熟与深化。鉴于此，学校管理层应将营造良好的工作环境视为己任，视之为推动教师专业成长的关键。

为了提升教育体系的效能，我们可以考虑调整管理框架，赋予持续进修更大的权重，并强化对教育工作者的专业发展支持。教师的专业水平直接关联着授课质量。因此，促进教师成长，尤其是教育培训，是构建高校师资力量的关键步骤，同时也是推动教师教学理念现代化的核心环节。加大对年轻及新晋教师的培训力度，能够增强他们的职业自信，满足其个人成长的需求，进而全面提升教师队伍的整体素养。因此，学术机构应积极设计并实施针对初任及年轻教师的培训计划，以丰富他们的教学实践，促使他们与时俱进地更新教育观念。

在管理体系中，全面推行民主化管理和优化教师评估流程至关重要。大量数据显示，当处于一个包容且民主的环境时，教师们展现出更高的教学热忱，更主动地投身于教学模式的革新。而改进教师评价机制，本身就是民主化管理的一个重要组成部分，现代科技，尤其是互联网的运用，能够显著激发教师自我提升和转变教学方法的内在动力。因此，学校应当从评估体系改革入手，将传统的封闭式、侧重奖惩的评价方式转变为更加开放、注重发展的评价模式。这样做能够为教师提供一个更广阔的舞台，鼓励他们提升自身的教学技能，以及不断更新教育理念，从而促进整个教育生态的正向发展。

在管理与服务的后勤支持层面，提升教师薪酬标准与社会尊重程度是至关重要的。合理的经济报酬，作为推动高等教育领域教学理念变革的有效手段之一，其作用不容忽视。当前，中国高校教育工作者普遍面临的问题是收入水平偏低，这一状况导致了教师的付出与所得之间存在明显的不匹配，进而影响到他们对教育事业的投入与热诚。倘若教师的辛勤工作与研究成果无法通过薪酬得到充分反映，其个人价值和成就感将难以在物质回报中得以彰显，这无疑会削弱教师对教学活动的积极性。因此，必须充分发挥薪酬的激励作用，通过提高教师的薪资福利来解除他们的生活忧虑，使他们能够全身心地投入教学与科研工作中，从而为提升教育质量贡献力量。

在推动教师自主管理进程中，首先要激发教师内在的主观能动性，培养其深刻的自我反思意识。依据唯物辩证法，外因虽为事物变化的诱因，但内因才是根本动力与决定性因素，外因唯有通过内因方能发挥其效能。教师要充分发挥主观能动性，在从事教学的过程中不断进行自我反思，这可以帮助教师探知、体察学生的心理感受，发现自我教学观念与学生教学观念、自我教学观念与自我教学行为之间的差距，从而适时调整，构建良好的教学环境。教师实现自我反思的路径丰富多元，包括但不限于撰写教学日志以记录心路历程、与学生建立常态沟通机制以获取直接反馈，以及通过观摩同行教学汲取灵感与经验。同时，强化教育理论学习亦不可或缺，它是深化教学理解、提升观念领悟力的基石。教育理论，作为时间沉淀的智慧结晶或学者实践经验的总结，其广泛阅读能够夯实教师的理论根基，增强其思辨与洞察能力。当这些理论精髓与教师既有观念深度融合时，将激发教学观念的革新，并精准指导教学实践。鼓励教师勇于探索未知，将新颖的教学理念切实融入日常教学之中，这是理论与实践相辅相成的必然要求。理论源于实践，又指导实践，要求教师既要用科学的教学理念武装头脑，也需具备将理念付诸实践的勇气与决心。调研显示，许多教师并非缺乏先进理念，而是未能有效将其与教学实践对接，造成理念与实践脱节，陷入改革意愿与实践障碍的矛盾旋涡。故而，将新理念转化为教学行动，往往需教师克服重重压力，怀揣强烈的改革愿望，方能破茧成蝶。

三、创新高校教师管理分系统的机制

（一）战略管理与目标管理相结合

随着我国高校外部环境日新月异的变化，如何在变革浪潮中敏锐捕捉机遇，确保持续且灵活的发展，已成为高校亟待解决的核心议题与严峻挑战。鉴于高校独特的性质与多层次的定位，其目标设定与任务执行不仅纷繁复杂，还难以简单量化评估。在此背景下，引入战略管理显得尤为必要且恰逢其时。战略管理，简而言之，是一种引领组织由当前状态向未来愿景迈进的管理策略。对于高校而言，其核心在于构建与自身特色紧密相连的办学哲学、长远规划，以及培育独树一帜的大学精神，并塑造全校教师共享的核心价值观。这要求高校领导层具备深远的洞察力，勇于授权，将管理重心从烦琐的日常事务中抽离，转而聚焦于组织愿景的设定、社会需求的响应及教师队伍的成长与发展。通过明确组织目标、弘扬共同价值观及师德标准，高校能够有效引导教师群体的管理行为，激发他们参与自主管理的热情与内在潜能。

战略规划虽具备宏观指导意义，但在具体执行层面，其抽象性可能导致实操上的挑战，因此，实施目标管理显得尤为重要。目标管理的核心在于，管理者需深刻领会高校的战略蓝图，将其细化并巧妙地融入教师管理体系中，确保每一层级的目标既清晰又合理。关键在于，目标体系的构建既不应过于琐碎以致束缚手脚，也不应过于僵化而排斥变化，而是应当为教师们提供参与目标设定的平台，赋予他们一定的自主空间。通过将中微观层面的目标管理与宏观战略导向相结合，构建一个既有方向指引又具有操作灵活性的管理体系。战略管理作为灯塔，为自主管理指明了方向；而目标管理则如同船桨，确保了自主管理在具体实施中的顺畅与高效。这样，教师的自主管理便在宏观的视野、中观的规划与微观的执行之间找到了坚实的支撑与明确的路径。

（二）完善现代大学制度

在《国家中长期教育改革和发展规划纲要（2010—2020年）》中，构建现代大学体系被明确列为一项关键的战略使命，这一目标也在后续发布的《关于开展国家教育体制改革试点的通知》中得以体现，成为十大重点改革试点项目中的一个核心部分。由此可见，完善现代大学制度对于推动我国高等教育的发展及提升高校教育效能的重要性不言而喻。

高校教师的自由并非绝对无界，其实现依赖于一系列内外部支持与制约机制的共同作用。构建现代大学制度是追求学术自由的一条必经之路，它既能营造出利于学术独立生长的优质生态，又能适时对过度自由加以合理规范。一方面，现代大学制度的架构有效隔绝了行政力量的不当介入，为学术自由构筑了一片净土；另一方面，为防止大学机构潜在的保守主义、偏激态度或学术权威的滥用对学术研究造成负面影响，该制度设计了权力监控、调适与平衡的机制，从而避免学术自由被不当利用。学术自由被视为现代大学的精神内核，教师拥有充足的学术自主权是自主化教师管理的核心标志。随着学术自主实践的深入与能力的积淀，师德管理的自主化将自然而然地成为现实。鉴于此，与教师自主管理最为息息相关的现代大学制度，其构建与优化宜采取自下而上的推进策略，从细节处着手，即通过高校内部管理的革新，真正落实教授主导和学术自由自治的原则，为高校教师自主管理创造优越的环境。

1. 理顺管理权责关系

英国著名教育学家阿什比曾指出："大学之兴衰，实则系于校内掌舵之人。"高校作为知识创新与传承的殿堂，确保教师在管理体系中的核心地位至关重要。特别是教授群体，他们对教育规律与学术前沿的把握，远非单纯的行政管理者所能及。相较于高等教育体系成熟的国家和地区，我国的高校教师在管理权力上尚显薄弱，缺乏坚实的制度支撑。《中华人民共和国高等教育法》虽明文规定了公办高校中教授参与治学、民主管理的原则，并设立了学术委员会以审议学科设置、教学计划及科研方案等重要学术事务，然而，由于配套制度的缺失，这些规定在实际执行中往往未能充分展现其效力。大学章程，作为现代大学制度的基石，其核心在于界定并规范大学内部的权力运行，确保大学自治的顺利实现。它不仅关乎大学权力的合理分配与相互制约，更是对教育利益格局的一次深刻调整。因此，构建完善的大学章程，能够从制度层面明确并保障教师的管理权益，为教师自主管理提供坚实的制度保障和框架支撑。大学章程所涵盖的内部权力关系错综复杂，其中尤以行政与学术权力、大学与院系之间的权力平衡最为关键。当前，"科层制"管理模式下的高校，权力往往高度集中于管理层，忽视了基层教师的声音与影响力，学术权力在行政权力的强势下难以施展其应有的功能。通过章程的制定与实施，明确学术权力与行政权力的界限与职责，不仅能够捍卫学术自由与自主，还有力推动了教授治校的理念落地，为教师的自主管理扫清了制度障碍。此外，大学章程的自治属性还为教师的自主管理提供了方向指引，成为推动这一进程不可或缺的精神指引与文本依据。

2.建立自我发展和自我约束机制

高校所拥有的自主管理权限实质上是其自我进化与成长的权益。强化内部治理结构实际上是在倡导一种内在的自律与自我控制。高校必须在适度的规制与监察之下持续进步，因为一旦缺乏必要的约束和审查，其自主权的运作极有可能偏离原本的目标，导致自治权的误用，甚至带来不良后果。为了更有效地运用自治权并实践自主管理，高校需要构建一套促进自我成长与自我监管的体系，其中，自我发展机制旨在推动成长与进步，而自我约束机制则用于预防管理失当的风险。构建自我发展机制的具体措施涵盖设立发展与改革部门——这些部门既可由专职团队构成，承担特定职能，也可采取委员会模式，由行政领导与教师兼任委员；同时，还需建立健全学习型组织的相关规章，以及各类积累机制，比如人才储备、财务资源、文化积淀、科研创新成果等多维度的积累体系。

中国高校目前采用的管理模式是党委领导下的校长负责制，这一制度确保了高校管理活动的协调一致和条理性，但同时也暴露出一些潜在的缺陷。例如，集体决策模式有时会模糊责任归属，加之学术权威的相对弱势、教职工参与管理途径的局限性，以及内部与外部监督反馈流程的不完备，这些问题共同导致了管理效能低下、行政体系执行力不足、教师群体满意度下降等连锁反应。因此，建立有效的自我约束机制显得尤为迫切，其目的不仅在于确保每位管理者在其岗位上尽职尽责，充分行使职权，还在于遏制权力的无序扩张与滥用，减少短视行为的发生，并减轻此类行为对自己及他人权益可能造成的负面影响。

（三）构建开放、包容、自主、创新的大学精神

教师，作为掌握专业知识的高素质人才，寻求的不仅是职业上的成就感，更是对其独特学术贡献的认可与尊重。他们渴望在一个充满人文关怀与相互尊重的环境中工作，尤其是那些学术骨干，更加看重一个能促进自我实现、鼓励学术探索与创新的氛围。评估一所高校的文化底蕴与精神层次，一个重要的指标是其对差异的接纳程度，比如是否能够容纳那些个性鲜明甚至特立独行的学者，是否欢迎那些前卫且具有挑战性的学术见解，以及是否支持那些短期内难以看到成效的持续性研究。回溯历史，蔡元培先生在20世纪初期提出的"思想自由、兼容并包"的教育哲学，强调大学应是一个汇集多元学术观点的平台。在这一理念的指导下，北京大学曾一度成为学术百花齐放的殿堂，吸引了众多学派和杰出学者，孕育出了一批批独具魅力、才华横溢的学术巨匠。同样，西南联合大学在动荡年代里，坚持教授治校、教师自律的原则，即使在艰难环境下，也保持着教学与研究的卓越水平，培养了一大批杰出人才。普林斯顿大学对待纳什教授的态度，也是一个生动例证，尽管他患有严重的精神疾病，但学校给予的包容与支持，让他得以延续学术生涯，最终完成了荣获诺贝尔奖的辉煌研究。处于改革开放与现代化浪潮中的中国高校，更应当承继历史的智慧，构建起一种开放、包容、自主与创新的大学精神。这种精神不仅能指引教师的成长，更能以共同的价值观吸引、留住并培养人才，以其独特的气质与强大的精神动力，为高等教育的长足发展打下坚实的基石。

（四）制定和完善教师手册

教师手册作为教师自主管理的得力助手，其重要性不言而喻。通过学校精心编制的教师手册，教师能够清晰地掌握自身的岗位职责，进行有效的自我管理和监督，增强对自身角色的认知与认同，从而避免了因信息

不透明或等待上级指示而造成的不便与成本浪费。这种自助式管理工具为教师自主管理提供了便利，提高了效率。一本内容全面的教师手册详细列明了教师的任职要求、具体的权利与义务，以及对日常工作中常见问题的解答和注意事项。这样一来，每位教师都拥有了一份翔实的指导资料，能够更加自信地参与到学校的管理活动中，对自己的行为进行管控，同时也能有效地影响和引导同事，进而高效地实现自主管理的目标。

（五）协同合作

高校教育工作者因其职业特性和年龄差异，展现出多元化的认知框架与行为风格。他们的教育哲学往往根植于早年的学习经历，这段经历是塑造其教学理念的基石，自学生时代起便悄然萌芽。对知识的渴求、对教室环境的感受、对课程内容的见解、对师生互动的认知，乃至对教师角色的理解，都在潜移默化中为他们日后成为教育者铺设了道路。每个学科领域都承载着特定的知识体系与实践规范，拥有各自探讨的核心议题及探究方式。因此，教授不同学科的老师，在传授知识时，会根据其专业背景进行个性化的解读，展现出独具特色的思维方式与教学手法。这不仅彰显了学科间的差异，也反映了教师个人的学术视角。此外，教学年限的累积对教师的教育观同样具有深刻的影响。新教师可能因缺乏经验而对教学策略、目标设定及内容把握有所欠缺，其教育理念尚处于初始阶段。然而，随着时间的推移，经验的积累促使教育理念逐渐深化和完善，教师能够更加全面地理解学科本质，教学方法也日趋成熟和系统化。

因此，促进教师之间互助互勉、相互学习，是践行自主教师管理的核心策略。为有效发挥这一互动机制的作用，必须依托强有力的组织平台，故而，建立和完善教师组织体系，强化其凝聚力与影响力，显得尤为关键。职工代表大会与工会，作为当前国内高校中教师力量最为集中的正式组织，其在教师管理中的核心价值不言而喻，是教职工行使民主权利、参与管理监督的基石，对于激发教职工主人翁精神、提升学校决策的科学性与民主性具有不可替代的作用。正如某大学2011年《"十二五"规划启

航,共庆校史,科学发展》工作报告中强调的那样,这些组织在激发教职工潜能、促进学校和谐稳定发展方面功勋卓著。然而,仅依赖职工代表大会与工会推进教师自主管理尚显单一,且这两个组织本身亦需不断优化与革新。高校应主动作为,鼓励并支持教师构建多元化、立体化的组织网络体系。首先,设立多样化的委员会,为教师开辟广阔的言论空间,确保教师自主管理、自我治理的权利得以充分行使,比如,通过完善学术委员会制度,保障教师在学术事务上的高度自治与决策参与。其次,还应积极扶持教师自发成立的非官方组织(如教师之家、学术沙龙等),这些基于共同兴趣与需求的组织,能更直接地反映教师心声,并为教师提供及时有效的支持与帮助。这些灵活多样的组织形式,不仅能够激发教师参与自主管理的热情与创造力,还能有效提升其管理能力,使学校能够广泛收集并认真倾听教师对学校各项工作的宝贵意见。即便这些意见未必能立即转化为行动,能力的提升也非一蹴而就,但这一过程本身就是对教师主体地位的尊重,是对民主氛围的生动诠释,更是教师对个人与专业成长不懈追求的体现。

四、优化高校教师管理技术的信息化建设

高等教育机构的核心竞争力与魅力主要体现在其教育成效和人才培育能力上,这同时也是评估高校教师效能的关键指标。21世纪伊始,中国各大高校响应扩招政策,导致在校生数量激增,随之而来的是教学挑战的升级。学生群体的膨胀直接导致了班级规模的扩张,加重了教师的工作负荷,进而对教育质量构成了潜在威胁。为了维护并提升教学水准,国内多所高校着手革新教学质量的评估机制。传统的评价体系依赖于人工操作,包括学生、专家和管理层通过纸质问卷对授课教师进行评价,随后需手动输入数据至电脑进行分析,这一流程不仅效率低下,且易受主观因素干扰,公正性和透明度均受到质疑。加之教师队伍庞大,全面评价实操困难，通常只能采取抽样调查，局限性显而易见。

　　随着信息技术的飞速发展与互联网的广泛普及，将这一先进技术融入教师教学评价体系已成为大势所趋。我们能够通过开发先进的教学评价管理系统，实现教学评价的数字化与智能化。该系统允许学生、专家及管理层，仅凭浏览器这一个便捷工具，随时随地接入系统，对教师的教学表现进行全面而及时的评价。而评价数据的收集、处理与分析，则完全交由计算机高效完成，既提升了评价工作的效率，又确保了评价的时效性与全面性，能在极短时间内完成全校教师的教学评估。这一信息化评价方式，不仅实现了评价流程的无纸化操作，减少了资源消耗，更因计算机的中立性，使得评价过程更加公开透明，结果更加客观公正。它不仅极大地提升了教学管理的现代化水平，也为教师提供了自我反思与能力提升的宝贵契机，对于保障教学质量、推动学校整体教学质量的稳步提升，具有不可估量的价值。然而，随着教学评价信息化的深入，如何构建一套完整、科学的教学评价指标体系，以精准反映教师的教学质量，成为一个亟待解决的关键问题。当前，部分学校仍沿用传统的评价方法（如次要指标法等），这些方法虽操作简便，却难以全面捕捉教师教学的多维度质量，导致评价结果存在局限性。同时，值得注意的是，尽管许多高校已建立了教学评价管理系统，但在实际运行过程中，仍面临评价体系不够科学、评价过程存在滞后性等挑战。这些问题直接影响了评价结果的时效性和有效性，使得教学评价难以充分发挥其应有的激励与导向作用，甚至可能沦为形式化的空壳。

第三节　高校教师教学改革激励体制

一、高校教师教学改革激励体制的功能

（一）提升学校竞争力

高校竞争力的核心源自人才，尤其是由高等学府孕育的高级专业人才，这凸显了大学教师团队整体素质对于人才培养质量的决定性作用。为了在激烈的全球竞争中保持优势地位，高等院校亟须构建一支卓越的师资队伍，而这离不开一套科学严谨的教师教学改革激励机制的支撑与引导。高校教师管理体系涵盖岗位职能界定、绩效评估及激励措施等多个维度，建设一流教师队伍要求这些要素之间能够达到高度的协同与平衡。尽管诸多学者已对高校教师管理进行了深度探索，其理论成果对实际操作具有指导价值，但现有理论根基尚显薄弱，未能充分覆盖实践中的诸多细节问题。时至今日，我国缺乏一套全面、科学且行之有效的高校教师管理制度，这一空白亟待填补，以促进教育质量的全面提升和人才的持续培养。

（二）提升人力资源管理效率

在高等教育机构中，人力资源管理的核心任务在于，依据院校的战略目标和需求，借助前沿的人力资源管理理论与实践，以市场化手段精准调配教职工，以优化组织效能。学生参与的教师评价，因其对教师绩效评估及职业成长的显著影响，已成为高校师资管理不可或缺的一环。探索如何通过学生评教来增强高校教师的人力资源管理，对于完善学生评价体系、健全教学质量监管架构、提升教师队伍管理水平至关重要。唯有学生评价机制与人力资源管理原则相契合，有效推动教师的专业发展，方能激发教师主动改善教学成效、提升授课品质。这不仅能强化学校的教育标准，还能促进教育质量的整体跃升，进而优化院校的人力资源配置与管理水平。

随着高等教育普及率的提升，大学招生量的持续增长推动了教育向大众化阶段的转变。在这一背景下，各高等院校面临的首要任务是如何培养出具备高水准、精湛技能和优秀品德的未来栋梁。作为育人的关键载体，高校教师群体占据核心位置，被视为高校内最宝贵的资源，是人力资源管理战略的聚焦点。教师的绩效评估与考核构成了高校人力资源管理中的关键环节，同时也是最具挑战性的部分。这一过程不仅关乎对教师教学成果的客观评判，还深刻影响着教师的职业行为和教学态度。

高等教育机构的人力资源管理呈现出独特属性，尤其是在对待学术人员时。大学的教职工，以其高度的自主性和强烈的个人意识著称，他们往往享有在时间安排和工作选择上的较大自由度，这使得针对高校教师的人力资源开发需采取定制化策略。鉴于教师是学术研究和教学活动的核心力量，高校的人力资源配置理应以他们为中心，力求通过多元化途径充分调动和发挥其教学与科研潜力。考虑到高校教师个体需求的广泛多样性，不仅要关注并提升他们的物质生活条件，更重要的是要体现出对教师辛勤付出的尊重，对知识创造的敬重，以满足他们精神层面的追求。

在现代高校教师管理体系中，一个显著的创新是将教师评价与激励机制深度融合，通过评价与考核的紧密协同，促进激励措施的有效实施，从而实质性提升教学管理水平。尤为值得一提的是，高校在构建教师评价体系时，高度重视学生评教的作用，赋予其较高权重，这一设计基于一个核心理念，即师生之间的教学与教育互动，是直观反映教师教学成效与教育水平的重要窗口。然而，我们也需警惕学生评教中可能存在的失真风险，诸如迎合心理或报复心理导致的评价偏差。为确保评价的公正性与真实性，首要任务是让学生评教回归其促进教学质量提升的初衷，利用评价结果指导教师改进教学策略，并优化人力资源管理策略。在此过程中，教师的激励与培训作为人力资源管理的核心环节，应科学融入评教结果，以强化改进效果。教师需积极获取评价反馈、深刻反思教学、明确改进方向，而学校则需提供必要的专业支持，助力教师成长。教师的自我反思虽是教师职业发展的关键一步，但若缺乏全面性与深刻性，便难以触及问题的核心，甚至可能引发迷茫。此时，来自校内外的专业支持便显得尤为重要，它能通过教师培训、专题讲座、研讨会等多种形式，为教师提供持续的、具有针对性的指导，帮助其突破瓶颈，实现专业发展。同时，倡导在合理范围内利用学生评教结果进行人事决策（如入职管理、绩效考核、职称评定及薪酬调整等），但坚决反对将其作为单一评判标准。而应结合听课评价、教学规范评价等多维度信息，全面评估教师的教学质量与人力资源状况，以构建更加科学、全面的评价体系。此外，为提高评教结果的时效性，建议实行即时反馈机制，使教师能够迅速响应教学中存在的问题，及时调整教学策略，从而进一步优化教师资源配置与提升管理效能。

应当认识到，学生对教师的评价虽是提升高校人力资源管理效能的有效途径之一，但要全面优化教师队伍的管理，还需从多个层面探索创新策略。结合内部需求与外部管理的精细化考量，精心设计教师人力资源的培育方案，是增强高校人力资源管理效率的关键所在。

（三）优化队伍结构及个人目标

探究高校教师教学改革的激励机制，对于提振教师工作热情、激发创新精神至关重要，同时，这对提升高等教育的整体质量及促进高校的可持续发展同样意义非凡。构建一套成熟的教师激励体系，旨在对教师的岗位责任、绩效评估及奖励机制进行全面革新，为高校教师的成长和潜能释放构建一个有利的政策与制度生态。这一举措一石二鸟，既能优化教师队伍的组成，确保其多元化与活力，又能助力教师个人职业目标的达成与发展方向的确立，从而在集体与个人层面上实现共赢。

二、高校教师教学改革激励体制的问题分析

(一) 激励方法单一

目前，我国高校在激励教师的方式上，主要侧重于物质奖励（如提高薪资待遇和个人福利），却相对忽略了外部激励因素的重要性。依据马斯洛需求层次理论，仅仅依靠物质激励仅能满足教师的最基本生存需求，位于需求金字塔的底部。然而，教师们还有更高层次的需求，包括归属感、尊重及自我实现的渴望，这些需求并未得到有效满足。因此，单一的物质激励方式难以全面激发教师的工作热情和创造力。

(二) 激励方式不合理

当前，高校教师激励体制中存在若干结构性问题，亟须调整。首先，薪酬制度设计不平衡，过分强调科研成果而相对忽视教学贡献。例如，一篇发表在核心期刊上的文章所带来的奖金，可能远超一年的授课报酬，且对职称晋升有重大影响，这无形中削弱了教师对教学的热情，导致教师的重心偏离。其次，薪酬结构缺乏合理性。在实际操作中，绩效工资占比过小，不同教师间绩效薪酬的差异微乎其微，未充分体现绩效薪酬应有的激励效果。这种现象抑制了教师提升个人表现的动力。再次，教学质量与薪酬关联性不足。现行体制下，只要教师完成了预定的教学小时数，无论教学质量如何，其绩效薪酬基本固定不变，这不利于鼓励教师追求卓越的教学效果。

(三) 激励标准把握不准

高校教师的评估体系大多呈现为一种概括性的总结评价，倾向于以科研成果为主要甚至唯一的评价尺度，而教学质量和社区服务的贡献则往往被边缘化。这是因为教师在教学领域的投入所产生的效益往往是无形的，不易量化，与科研成果的直观性和可计量性形成鲜明对比。于是，一种简便但粗犷的评估模式应运而生，即侧重于发表论文和学术出版物的数

量。在对教师进行年度考核时,科研产出往往成为焦点,而教学质量与社会服务的评估则显得相对薄弱。这种"科研至上"的导向,促使教师将较多时间和精力集中于科研活动。长此以往,不仅损害了教学效果,还可能对学校声誉造成负面影响,形成了一种科研优先、教学次之的不良循环。

(四)人才竞争机制不完善

伴随知识经济时代的来临,高等教育正经历着大众化、市场化与国际化的转型。然而,高校在这一进程中遭遇了诸如人才流失、师资队伍整体质量提升滞后,以及教师资源未能得到充分利用与开发的挑战,这些问题揭示了高校在人才竞争力方面的短板或脆弱性。在内部,高校未能构建起一个促进教师能力持续提升的良性竞争生态系统,这限制了师资队伍的整体优化与发展。而在外部,高校亦未能及时创造出一个吸引人才的优质市场环境,无法有效吸附社会所需的各类专业人才,导致高校的教师环境缺乏自我更新与发展的活力,不具备长期稳定成长的潜力。

第四节　高校教师管理创新发展策略

一、高校教师管理发展趋势

（一）管理理念向人力资源管理发展

高校教师作为一群具备深厚学识与高尚情操的精英，不仅是知识的传递者，更是情感丰富、人格独立、思想深邃的个体。这类人群极度珍视自我价值的体现，对来自同行、机构乃至社会的正面评价抱有深切期待，渴望获得广泛的社会认同与尊敬。单纯依赖物质奖励显然不足以触动他们的内心深处，因此，精神层面的激励变得尤为重要。

当代员工普遍怀有参与决策管理和表达意愿的诉求。因此，秉持"以人为本"的管理哲学显得尤为重要。在对待教师时，不应仅将其视为管理的对象，而应视之为服务的主体，积极倾听教师的需求，营造一个崇尚知识、敬重人才的文化环境。管理者需深刻理解并尊重每一位教师，给予真诚的关怀与信任，巧妙地将情感共鸣作为激励工具，与教师构建和谐融洽的关系。通过这些举措，确保教师能在愉悦的心态下工作，从而增强其对学校的认同感和归属意识，激发工作热情和创造力。

管理者与教师之间的沟通与尊重至关重要。双方应积极参与学校决策的民主化进程，确保教师的责任感、成就感、被认可的需求及个人成长的愿望得到满足。通过这样的方式，教师将深切体会到自己是学校这个大家庭不可或缺的一部分。这种双向互动不仅能够激发教师的工作热情和创造力，还能促进管理者与教师之间的良好关系，营造一个支持与合作的氛围。

(二)管理方式向动态管理发展

教师的教育活动与人才培养效能是一个持续演进的过程,其影响力随时间推移而逐步显现,经历从量的积累到质的飞跃的转化。因此,对高校教师的评价与管理不应局限于静态的、片面的观察,而应超越传统的评价框架。在新时代背景下,高校教师管理应着重于探索和完善动态持续的评估体系与激励机制。

首先,高校应设立教学质量评估小组,负责设备升级更新,加强教师教学标准化培训,并同步提升评价体系人员能力,以弥补体系不足,促进体系标准化。其次,激励教师自我提升,全力投入教学,确保课程质量上乘。同时,教学质量评价体系的日益标准化与规范化,与教学质量的提升相互促进。再次,通过设立在线教学质量评价奖励与群众监督机制,有效减少无效评价,提升评价质量。最后,加快教学评价结果的反馈速度,采用短信等方式即时通知教师其教学排名及综合排名,助力教师迅速调整教学策略。

综上所述,高校教师管理需迈向健康、可持续的动态管理轨道,构建公正合理的管理机制,为教师成长提供肥沃土壤。

(三)管理制度向契约制发展

近年来,美国高等教育系统的领先优势在全球范围内广受赞誉。美国高校采用了公开透明的招聘流程,倡导公平竞争,赋予学校自主选拔人才的权利。在绩效考核方面,构建了全面科学的评价体系,不仅涵盖了多元化的评价主体,还特别强调了教师自我评价的重要性。此外,"非升即走"(up or out)的动态职位管理,结合终身教授制度,以及公正、规范的职称评审机制,共同构建了高校教师职业发展的健康生态。配套的培训进修、学术休假及带薪假期等福利制度,进一步完善了教师成长的支持体系。这套完整的制度设计,不仅有力推动了美国高等教育的卓越发展,也为全球高等教育界提供了宝贵经验。相比之下,我国高校教师管理体系中,长期存在的"铁饭碗"观念仍然根深蒂固,无论是社会普遍认知还是教师自身意识，往往将教育职业视为终身保障。这种传统观念在很大程度上抑制了教师自我提升的内在动力，同时也影响了教师自主管理能力的培养。面对新时代的挑战与机遇，我国高校教师管理迫切需要破旧立新，引入合同制与契约精神，打破终身职业的固化模式。通过建立灵活的劳动合同机制，激发教师自我成长的积极性和主动性，推动高校教师队伍向更加专业化、动态化的方向发展。

（四）管理激励向能力差异精细化发展

当前，高校教师管理与激励机制面临着多重困境。尤其值得注意的是，近年来高等教育机构大规模扩招，导致教育资源，尤其是优质教师资源的供需矛盾日益突出。与此同时，高校在教师管理上的制度设计显得粗放且执行力不足，未能有效激发教师的工作热情或规范其行为。

高校教师的岗位责任界定模糊且缺乏细致化，当前的管理规定及教师手册仅概略地设定了教师的教学时数和论文发表量的基本要求，却未对教学质量与研究成果的品质提出具体标准。同时，教师肩负的教学、科研与社会服务三重使命中，社会服务这一环节在现有管理体系中未得到应有的重视。鉴于此，若想激发教师的工作热情，确保其全面履行职责，进而充分发挥高校的教育与服务职能，就必须建立一套精细化的考核与激励机制。这套机制需涵盖教师的教学技艺、育人技巧、管理素养及科研实力等多个维度，构建一个全面、健康且有机融合的评价与激励体制。

总而言之，将精细化管理的理念融入高校教师管理体系，构建一套全面而精确、基于能力差异的教师管理制度，已成为刻不容缓的任务。这要求高校应将教师的岗位职责具体化，设立精细的考核评价体系，同时加强激励机制的精准性，以此激发教师的主动性和创新精神。通过实施精细化管理，高校能够有效提升教师的工作效能，促进教育质量的持续优化，从而在高等教育领域的激烈竞争中稳固地位，确保学校长期稳健发展，为社会输送更多高质量的人才。

二、高校教师管理创新策略

（一）创新激励体制

1. 丰富激励方法以满足多层次发展

在设计高校教师的管理与激励策略时，必须采取多元化的方法，以适应教师队伍中不同年龄段、不同工作年限、不同职称级别及社交网络的多样化需求。

（1）目标激励

目标，作为个体在行动中所追求的预想成果在其心智中的映射，构成了动机系统中的核心元素。目标激励机制的核心在于，通过确立目标来激发教师内心的驱动力，前提是这些目标能够无缝对接教师的个人需求与学校的战略方向。因此，设定恰当且富有吸引力的目标是发挥目标激励效应的基石。教师的诉求通常涵盖生活需求、职业需求及对自我实现的渴望，其中自我实现代表了教师追求的最高境界。学校在规划发展蓝图时，务必在满足教师基本生活需求与职业需求的同时，更加重视为其提供个人成长的空间。理想的状态是，学校目标的达成与教师个人价值的实现能够相辅相成，即在学校追求自身愿景的过程中，同时照顾到教师的多元化需求，实现双赢的局面。

（2）物质激励

物质需求作为人类需求的基石，其满足是追求更高层次精神追求的前提。因此，优化教师的生活条件，妥善处理薪酬、住宿、健康保障等实际问题，显得尤为重要。薪酬制度作为激励教师敬业乐业的利器，需兼具公正与竞争力，这里的公正是相对的，强调的是绩效导向，而非无差别的平等发放。薪酬体系应当与教师的业绩、贡献度、学术头衔、教学工作量及教学质量紧密相关，合理拉开不同层级教师的薪资差距，确保贡献与回报成正比。为了进一步激发教师的科研与教学热情，可考虑引入业绩奖金、年薪制等激励措施，确保教师能够免于生活成本的困扰，全心投入教学与学术探索。

（3）培训与发展激励

培训的价值在于其能够触及教师的深层次需求——自我提升与职业发展。因此，构建全面的教师素质提升计划，探索集培养、培训与管理于一体的综合机制，显得尤为重要。根据不同教师的类型、层级及工作职责，培训内容与方式应有所区分，以实现个性化与针对性的提升。对于新入职的年轻教师，可借鉴美国高校的成功经验，引入导师制度，比如设立青年教师导师计划或助教制度，由经验丰富的资深教师亲自指导，进行教学实战训练。而对于已具备一定学术地位和成果的教授，则应创建学术交流平台，促进跨学科合作与知识分享。在培训形式上，可设立短期与长期培训班，利用业余时间进行专题学习，或是系统性深造，结合校内外资源，线上与线下培训相结合，充分利用现代信息技术，加速教师培训的数字化进程。在培训模式上，应多样化，涵盖岗前培训、专业课程进修、公开教学研讨、青年教师授课竞赛等，同时鼓励教师撰写教学反思日志或职业成长记录，形成自我教育与培训的习惯。为确保培训效果，需配套相应的激励措施，将教师培训成果与薪酬调整、职称晋升等挂钩，通过提供学术休假机会和充足的财务支持，确保教师有实际条件参与培训。

2. 构建合理考核机制以确保公平性

在高校教育教学质量的监管方面，一些教育先进的国家与地区已建立起一套系统而严谨的管理体系。以美国和英国为例，这些国家在评估教学质量时，采取了学校与教师双层面的综合评价方法，旨在全面审视教育质量。美国教育界开创先河，率先成立了"专业与组织发展联络中心"，这是最早专注于高校教学质量监督与提升的专业机构。该中心负责制定一系列规范和标准，对各大高校的教学活动进行跟踪与指导，旨在推动教学质量的持续优化。同时，社会上的第三方评估机构也积极参与到高校教学质量的监测中，通过定期发布的质量评估报告，对高校教育质量进行客观评价，从而促进整体教育水平的提升。

为了达成教学评价的目标，众多教育机构与国家机关相继制定了详尽的教学质量标准。经过评估后，学校或教师的评价结果会被公开，旨在确保整个过程的透明与公正。那些评估表现不佳的单位或个人，将依据既定规则接受相应的整改或处罚。因此，教学评价已成为检验高校与改进教学工作、合理调配教育资源、驱动教学质量与教育水平提升的关键工具。

鉴于教学评价的显著影响，构建一套科学、合理且全面的评价指标体系显得尤为重要。美国作为最早聚焦于教学质量管理的先锋，早在20世纪80年代初便创立了"优质高等教育研究小组"，专门负责高校教学质量的监管工作。同时，美国设立了"马尔科姆·鲍德里奇国家质量奖"，用以表彰在教学质量方面表现卓越的高校，以此激励教育机构不断提升教学水平。为了确保教学评价的全面性和科学性，美国的国家研究机构与管理机构持续结合高校教育的特性，对教学质量的评估指标与标准进行优化与修订。历经多轮调整，美国现已发展出一套相对完备的评价体系——"绩效教育标准"。这套标准覆盖了七个关键领域，几乎触及了高校教学工作的每一个环节，实现了评估的全面覆盖。

海外教育机构高度重视高校的教学评价体系，因此，这些机构对其教师的教学质量管控亦极为严格，特别是那些享誉全球的顶尖大学，对教师教学评价的重视程度更是达到了新的高度。以哈佛大学和牛津大学为例，这两所学府都建立了周密的教师教学质量评估机制，实现了对教学过程的规范化管理，以确保教学活动的高质量。进入21世纪，日本也开始重视高校教学质量管理，通过借鉴美国和英国等国家先进的教学质量评估标准与体系，对本国大学的教学质量进行系统评估。与此同时，像东京大学这样的高等学府，还自行开展了教学质量管理的自查与自评工作，对教师的教学成效进行细致的评价与管理。类似地，我国的香港大学与香港科技大学等高等教育机构，也积极采纳国际通行的教学质量评价指标，用于自我评估教学质量和水平。

3. 树立以人为本理念以激励自主管理

"以人为本"的管理模式聚焦于将员工置于管理的核心，深刻洞察并响应其内在需求与驱动力，旨在满足员工的物质追求与精神渴望的同时维护其尊严，以此来挖掘和释放员工的潜力。这一理念包含两个关键层面：首先，它主张人应成为管理的焦点，作为活动的主要推手，管理者需展现出对员工的关怀、信任、同理心及尊重，有效激发员工的活力、主动性和创新精神；其次，它提倡视人为独立个体，致力于构建有利于个人成长和自我价值实现的环境与机遇。促进个人的全面进步和自我实现，不仅能够提升员工的满意度，还能间接推动组织目标的达成。

在高校教师管理中实施"以人为本"的理念，实质上就是贯彻"以教师为核心"的原则。大学教师作为知识精英，往往怀揣着高度的自尊、使命感及对荣誉的追求，这促使我们在管理策略上必须立足于教师的实际需求。我们的关注点不应仅仅局限于满足教师的基础需求，更应当着重于其更高层次的需求及自我成就的渴望，确保教师的人格得到尊重，其应有的权益得到保障。

(二) 完善政府—高校—教师三位一体管理制度

长期以来，过度行政化的管理方式已成为制约高校教师管理效能提升的关键因素。因此，提升管理效率的关键在于正确认知并处理好行政管理和学术自治之间的关系，实现两者间的均衡，以缓解过度行政化带来的负面影响。高校亟须将行政管理体制改革作为内部治理结构调整的重点，其核心任务在于重塑机构职责、精简管理层级，以期建立一个责任明确、分工有序、决策精准、技术先进的现代行政管理体系。

在高校教师管理的框架下，应当更加侧重于体现"大学自主管理""学术自由""学术为先"的核心原则。这意味着在行政操作中，应赋予教师更大的参与度与影响力，同时，充分考虑市场经济的内在逻辑。倡导高校与政府之间构建一种积极健康的协作模式，其中，政府的角色应避

免过度介入学校的日常运作。高校应将管理体系置于更为广阔的背景之中，包括社会、市场、文化、组织架构及历史积淀等多个维度，减少行政管理部门的权威与负担。提升管理效能并非单纯依赖行政体系的自我改革，而是更多地依托大学的自主治理能力和学术自由空间的拓展。由此，形成一个政府、高校与教师三者相互配合、共同参与的立体化管理体系。

（三）构建多元化高校教师发展模式

在新时代背景下，高校教师队伍展现出了多元化的发展态势，涵盖了教学、科研、学科建设、人才培养、学校公共服务及社会服务等多个维度。针对这一现状，我国高校普遍将教师细化为教学型、教学科研型及科研型三大类别，旨在通过精细化分类，构建更为科学合理的教师发展管理体系与考核激励机制。具体而言，针对不同类型教师，需量身定制发展路径与评价标准。在教学型教师的评价中，高校应不仅聚焦于师德风范、教学任务量、教学质量、教学态度、内容创新、方法灵活性与教学效果等核心要素，还强调对教学改革与教学法研究的积极贡献。而对于教学科研型教师——作为学校发展的中流砥柱，其评价则需紧密围绕学校战略目标，在教学、科研、社会服务等多个领域提出更高要求，确保教学与科研并重，实现双向促进。至于科研型教师，评价重点则落在科研项目成果、学术论文发表、教材著作编写、获奖情况、科研活动参与度等方面，全面衡量其科研实力与贡献。同时，为确保教学质量不滑坡，三类教师均需承担一定的教学任务，严禁出现"只研不教"现象，保障教育教学的基本职能。在社会服务层面，教学型与教学科研型教师被赋予了更多责任，需积极参与学校及社区的各项服务工作（如院系管理、学校事务决策、社区咨询等），以实际行动回馈社会，增强学校与社区的互动与联系。通过上述分类管理与激励机制的实施，能够引导高校教师向多元化、专业化方向迈进，全面提升其教学、科研、社会服务及育人能力，为高校的长远发展注入强劲的技术动力与支撑力，构建更加富有竞争力和吸引力的教育生态。

(四) 营造和谐工作氛围

高校教师管理的思想导向不仅塑造了学校的管理风格，还促进了工作环境的多元性与创新性。学校所秉持的管理哲学是否与时俱进、科学合理，是否能够契合高等教育的发展趋势和社会变迁的要求，对于能否有效利用现代化管理工具，进而提升行政管理效率至关重要。不同于其他公共机构，高校的管理既要涵盖常规的行政事务，也要融入学术探索的精神。因此，高校需深刻理解学术管理的重要性，增强自身的自治管理能力，积极倡导学术自由，而不仅仅是复制传统机构的管理模板。同时，高校应该掌握并灵活应用先进的现代化管理技术和方法，以提高管理效能，创建一个能激发高校持续发展的和谐学习与工作环境。

可以借助校园网站、宣传栏、校报等多种平台，广泛传播师德理念，采用师生喜闻乐见的方式开展师德教育活动，树立并表彰师德标兵，大力弘扬优秀教师的师德事迹，营造积极向上的师德建设风尚。同时，利用良好的校园文化氛围，对教师进行潜移默化的正面影响，以此推动高校师德建设工作的深入开展。

第四章 高校教育数字化教学模式创新研究

第一节　高校数字化教学资源建设与平台打造

一、数字化教学资源及其分类

数字化教学资源，依托信息技术平台，涵盖了信息、环境和技术三大类。具体而言，信息资源涉及以数字格式呈现的所有可用于教学的内容（如图像、文字文档、音频文件、视频片段、网页、数据集合、虚拟图书资源、在线教育门户及电子讨论区等）。环境资源指的是构建数字化学习空间所需的实体硬件设施，如电脑终端、网络基础设施、通信装置，以及用于搭建网络虚拟学习环境的系统程序和应用程序。而技术资源作为支撑信息化教育实践的核心，囊括了所有保证数字化教学活动有效进行的技术工具和方法。

二、教学信息化数字化资源建设

（一）数字化教学资源的特征

相较于传统的教学材料，数字化教学资源展现出了显著的不同，在多个维度上体现出了新颖的特征。这些区别涉及资源的数量、组织架构、地理分布、覆盖广度、多样性、媒介形式、内容深度及管理调控方式和传输途径等方面。

1. 处理数字化

这一过程涉及将多样化的信息如声音、文本、图形、图像、动画及视频等，通过转换器进行抽样与量化，从而将它们从模拟信号形式转换为数字信号。数字信号因其出色的可复制性和传输可靠性，相比模拟信号而言，在压缩、解压及错误纠正处理上更为简便高效。

2. 存储光盘化

光盘作为一种存储媒介，以其大容量、小体积的特点著称，能够迅速实现信息的查询与检索。具体而言，一张CD光盘的存储能力惊人，足以容纳超过3亿个汉字，相当于650 000页的A4文本，或是上千张图片，还能存储长达5小时的立体声音乐和72分钟的全屏视频。而当前广泛流行的DVD光盘，其存储容量更是CD光盘的数倍。

3. 显示多媒体化

多媒体计算机技术使得我们能够存储、传递并处理包含声音、文本、图形、图像及动画等多种形式的学习资源，极大地丰富了信息资源的表现形式，超越了传统单一文字或图片处理的局限。

4. 传输网络化

数字信息借助网络的力量，可以轻松实现跨越时空的远程传输。学习者只需借助一台联网的计算机，便能随时随地获取所需的信息资源。

5. 教学过程智能化

教学软件中的专家系统为教学流程中的信息资源运用提供了即时监控、数据收集、解析及辅助功能。它可根据每位学生的独特属性，精准匹配最适合的教学素材与教学策略，并能针对学生的个性化学习需求提供定制化的指导。除了识别学生的错误，系统还能深入剖析错误成因，并据此提供个性化的辅导方案或学习建议。数字化教学资源以其庞大的数量、丰富的种类、多媒体融合、非标准化、跨越时空界限、涵盖多学科领域及多语言版本的特性脱颖而出。其中，文本、数据集、图像、音频、视频等多种媒体形式共存，且通常采取分布式存储的方式。然而，从宏观角度来看，数字化教学资源目前仍呈现出一种杂乱无章的状态，信息的分布与组成缺乏系统性和条理性，资源的发布带有较大的随意性和自由度，质量把控存在明显不足。鉴于此，筛选和评估数字化教学资源时，我们需要具备敏锐的鉴别力，从海量资源中甄别出优质内容，剔除不适用或虚假的信息，以确保教学质量和效果。

（二）数字化教学资源的来源

数字化教学资源的三大主要来源包括：对现有资源进行数字化改造、师生合作创作的数字化内容，以及由专业人员设计开发的数字化资源。

1. 对现有资源进行数字化改造

当前，在我国教育领域内，教学资源的主体仍是长期以来积累的非数字化资源（如书籍、音像资料等），而数字化教学资源尚属少数。这些传统资源数量庞大，不乏精品，其教学价值依然显著。将它们转化为数字化资源，不仅能够创造经济价值，还具备深远的社会意义，既能拯救宝贵的教学遗产，又能通过资源共享减少教育成本，有效缓解教学资源短缺的问题。

我们可以利用数字相机、扫描仪等工具，将现有的图片和文本资料转化为数字化教学资源，便于在计算机上进行编辑、处理和传输。对于音频资料，则可通过计算机软件及专业设备将其转化为数字格式。随着信息技术的飞速发展，数字音像资源在教学中的应用日益广泛，逐步取代了传统的模拟设备。

2. 师生合作创作的数字化内容

数字化教学与学习的兴起催生了新型教学资源——师生共创的数字化资源，其主要包括三大类别。

①展示型电子作品。通常是学生作业的数字化版本，教师精选优秀案例进行展示，以供学生相互学习借鉴。

②师生互动作品集。聚焦师生之间的沟通对话，围绕特定问题展开交流，并收录教师解答学生疑问的内容。

③评价作品集。它是教师对学生作品进行评价的集合，通过具体评分和反馈，促进学生的学习进步。

3. 由专业人员设计开发的数字化资源

数字化资源的核心源自专业团队的开发建设，其流程如下。

①初步准备。搜集必要素材，依据统一标准分类整理，并详细记录

素材的格式、类型等属性信息。

②素材整合。进一步处理分类后的素材，利用 PowerPoint、Authorware、Flash 等多媒体集成软件，将文本、图像、音频、动画及视频等素材融合成完整的教学单元，确保其具备强大的教学功能，可直接应用于教学实践。

③内容标注。专业人员对整合后的素材进行深入分析，明确主题，设计关键字等标识，便于资源的检索与管理。

④质量审核。进行全面的质量检查，确保标引准确，图像、声音、视频质量上乘，同时检查文件大小、格式等是否符合要求。

（三）数字化教学资源的优势和缺点

相较于传统教育资料，依托于电脑与互联网的数字化学习素材展现出特有的优势。传统教材的维护往往牵涉较大的时间与精力投入，而数字化资源借助计算机及数据库技术，实现了分类、储存、检索与分发过程的系统化与高效率，从而极大地提升了资源管理效能，使得教育资源的获取更为迅速且便利。数字载体，诸如光盘与高容量硬盘的应用，令教育素材，特别是多媒体元素的整合与应用变得轻而易举。网络的普及打破了地理障碍，确保了教学资料的快速广泛传播。通过软件制作的动画与视频等动态内容，显著增强了课堂信息的呈现量，同时，这些演示手段的可控性也获得了显著提升。然而，数字化教学资源在线上也面临挑战。网址的频繁变更导致链接稳定性下降，信息存续期相对短暂；信息发布宽松与随意，缺乏有效的品质监管体系；搜索结果精确度不足。这些都是数字化教学资源在广泛应用中亟待解决的问题。

（四）数字化教学资源库的建设

1. 数字化教学资源存储的基本要求

一旦积累了丰富的教学材料，接下来的任务便是有序地归档与保存。为了确保教学资源的有效管理与利用，必须达到五个关键标准。首先，入库能力意味着要有全面的策略来搜集与整理资源；其次，定位功能强调资源描述的科学性，以便于快速检索与提取所需内容；再次，展现性确保了检索到的数字化资源可以被轻易恢复并展示给用户；然后，信任度要求整个系统在资源托管方、管理者及使用者之间建立可靠的信誉；最后，经济可行性提示教师在选用资源及构建系统时，要考量学校的财务状况，确保系统的可承受性。资源使用的总成本不仅涵盖了系统构建的初期投资，还有长期的运维费用，后者通常远超前者，成为系统是否能够持久运作的决定性因素。

2. 数字化教学资源库开发的原则

在构建和开发数字化教学资源库时，需遵循六大核心原则。

①教学导向性。确保资源库紧密贴合教学需求，有效解决教学重难点内容，在设计学习路径与信息展示时，需深入考量教与学的基本规律。

②科学性。资源内容须准确无误，教学目的清晰明确，作为学科知识传授的载体，其准确性至关重要。

③开放性。鼓励师生共创，资源库应广泛收录师生参与制作的成果，促进资源的多元化与活力的提升。

④通用性。融合最新数字技术和设计理念，确保资源在不同教学场景和学习形式下均能灵活应用，遵循统一技术标准。

⑤层次化。实施分块管理策略，便于学习者根据自身水平选择适宜资源，最大限度满足不同学习需求，挖掘资源潜力。

⑥经济性。在资源开发中，需注重成本控制与效益最大化，力求以最小的投入获取高质量资源，同时加强对现有资源的数字化改造，避免重复建设导致的资源浪费。

3. 数字化教学资源管理的模式

为了有效防止教学资料的遗失或破坏，并更充分地服务于学习者，我们应当强化对教育素材库的监管。教育素材固有的特征，诸如标题、识别码、学术领域、专业类别、目标受众、关键词汇及存储地点等，皆需得到妥善的管理。为此，构建一个专门的教学资源管理平台显得尤为必要，该平台能在数据库中分别登记上述各项属性。如此一来，当使用者需要查找资料时，系统便能自动创建树状目录指南，极大地提升资源的可访问性和使用效率。

①文件目录管理。管理各类资源的最基本方法莫过于文件目录体系，这是一种直接且朴素的手段。在服务器上，通过设立多样化的文件夹，可以分类保存各种资源，利用操作系统的基础功能实现这些目录的共享，进而对教学材料进行控制与使用。文件目录管理的优势在于其清晰明了的结构和简便的操作性，加之远程访问的高效性，使得资源文件能迅速通过网络邻居、HTTP 或 FTP 协议下载至用户本地网络。然而，这种模式也显露出明显的短板，即安全性欠佳，资源易遭受病毒侵袭，同时面临较高的被盗用与损坏风险，因为它们暴露在网络环境中，缺乏足够的保护措施。

②专题资源网站。与文件目录管理相比，专题资源网站的资源组织方式更具目的性和专属性。这类网站主要分为主题学习资料库和虚拟社群资料库两大类。主题学习资料库与海外的探究式学习平台（如 Web Quest）类似，其核心功能是提供一系列的探索活动、学习素材、讨论版块，以及广泛的信息和空间，支持学生围绕特定课题进行深入研究，如太空科学、基因克隆等领域；虚拟社群资料库将资源细致分类，每一个讨论区聚焦特定的主题。用户不仅可以在此获取所需资源，还能分享自身拥有的资料，促进知识的交流与共享。各个版块独立运作，配有专门的管理员负责日常运营。管理员的职责包括定期梳理和分类版块内的讨论内容，将零散的信息整理得井井有条，形成系统化的知识体系，同时精选优质资源向更广泛的用户群体推荐。

③学科资源网站。学科资源网站的构建始于一个核心的原始资料库，该网站以主题的形式整合并展示了与特定学科相关的全部资源，同时为用户提供便捷的检索工具。通过按学科对网站进行分类，能够有效激发相应领域教师的参与热情，尤其是那些学科带头人，他们更愿意投身于资源库

的建设和完善。每当有新资料加入原始资源库，学科资源网站会立即进行分类处理，将新资源纳入对应的学科分类，并在学科资源网站首页更新这一信息。这样一来，可以在极短的时间内搭建起网站的基本框架，逐步积累学科教学所需的资源。一旦网站搭建完成，教师既能浏览主网站上的资源，也能深入探索原始资源库，获取大量原始资料。随后，教师可以根据教学实际需求重组这些资源，结合各学科的特色，与相关科研成果相融合。这些网站的资源充分反映了不同学科的教学需求，不仅包括试题库、教案库、多媒体课件库和素材库，还设有反映学科特色的专栏和热门话题（如中文文学的名作解读、写作技巧探讨，地理学的旅行专题，生物学的废物分类、环境保护议题，历史学的文化遗迹、古代建筑考察等），极大丰富了学习内容和形式。

三、数字化教学资源平台

（一）基于在线课堂的网络云学习资源平台 A

A 作为某集团倾力打造的免费多端通信与协作平台，在学校教育中大显身手。学校通过 A 平台的工作群轻松搭建直播课堂，让教师们能够自由开展直播教学，学生则能紧跟教师步伐，积极互动学习。教师的直播内容会自动保存，供学生课后回顾，家长也能观看并提供辅导，这既促进了学生的个性化学习，又加深了亲子间的交流与理解。

A 平台的工作群功能丰富多样，它支持直播授课，教师能像在课堂上一样展示 PPT、播放音视频，助力教学辅导与热烈讨论；支持课件上传，便于学生随时查阅；具备作业布置与线上提交功能，让作业管理更加便捷；具备群公告的发布功能，使课程信息传达更为高效；具备签到考勤功能，可实时掌握学生出勤情况。在直播课堂中，师生无须中断教学，即可随时发言提问，确保课堂交流的无缝衔接。

A 平台支持跨设备操作，无论是在台式机还是在移动设备上都能流畅使用。近年来，随着智能手机的广泛普及和 4G 网络的全面覆盖，即使学生家中未配备电脑，也能利用手机轻松连接互联网，参与到线上学习中。尤其在新冠疫情期间，各大电信运营商纷纷推出优惠政策，为师生提供充足的上网流量，确保每个人都能无障碍地获取网络教育资源，这对于推进教育平等和提升教学质量起到了积极作用。

在使用 A 平台进行教学辅导和研讨课程时，屏幕上部会展示教学视频和幻灯片，而屏幕下部则开辟了互动讨论区域。主讲教师通过音视频方式进行授课，学生可以随时在讨论区提问或发表见解，而另一名教师或助教则在一旁随时准备引导和解答，实现了"讲师连续讲解，助教即时回应"的高效互动教学模式。更重要的是，课后师生间的交流同样不受限制，无论是课程内容的深化讨论还是疑问解答，都可以随时随地进行。这样，教学辅导与讨论不再局限于课堂时间，实现了无缝衔接，贯穿于课前、课中和课后全过程。

（二）基于云服务的学习资源平台

B 公司在国内享有极高的知名度，其核心产品及众多衍生业务共同构建了一个庞大的商业体系。

在教育领域，B 公司早期便设立了教育频道，该频道是中国访问量领先的教育门户网站，它巧妙融合了国内外优质教育资源和强大的服务功能，涵盖了考试、外语学习、留学、校园生活、博客交流等多个版块。然而，值得注意的是，该教育频道定位于教育资讯的门户展示，而非直接提供广泛学习机会的在线教育。

1. B 公司的教育领域业务概述

随着在线教育行业的蓬勃兴起，B 公司积极响应，正式推出了网络课堂和精品课这两个专业的在线教育平台，同时其企业大学也在持续优化，预示着其未来也将涉足在线教育领域。

B 公司在教育领域的战略规划颇具远见，不仅限于教育门户网站的运营。在网络课堂问世之前，其在线聊天工具已率先增强了其群视频直播与支付功能,为构建完整的在线教育生态系统奠定了坚实基础。

自2013年11月起,其在线聊天工具创新性地引入了基于在线交流群的教育功能,随后正式上线了网络课堂。该平台汇聚了众多顶尖教育机构和教师的丰富课程资源,从一开始便明确了其为开放式教育平台的定位,旨在欢迎并助力线下教育机构入驻,共同促进教育资源的优化配置与影响力的扩大。

在教学实践层面,网络课堂与在线聊天工具的客户端紧密相连,巧妙地借助在线交流群的功能,实现了教学过程中的即时互动与沟通。此外,在线交流群还内置了PPT演示、白板书写及实时提问等工具,极大丰富了教师的教学手段。

相较之下,其精品课在定位上更显精练与聚焦,该课程内容主要围绕考试辅导、专业培训、社会公开课及高校公开课四大版块展开。值得注意的是,其精品课多采用收费模式,这些课程均出自业界知名的教师、权威出版社、知名学府及专业教育机构之手,并通过合理的收益分配机制,确保了内容的持续更新与优化。

在运营方式上,精品课与网络课堂依托在线交流群的模式有所不同,它主要依托网络视频平台的点播服务,为用户提供灵活便捷的在线学习体验。目前,精品课已吸引超过千万注册用户,其在国内在线教育市场的影响力日益显著。

2. B公司的教育平台优势

B公司开展的教育活动在平台构建上的显著优势,可归结为以下三点。

①用户基数庞大且活跃。2014年,其在线聊天工具坐拥高达8.29亿人的用户群体,稳居全球社交网络的第二把交椅。不仅如此,在线交流群以其独特的社群凝聚力,成为教育机构自发集结的首选平台,即便在竞争环境中,其他同类产品也难以撼动其地位。这种广泛的用户基础和自然形成的社群效应,极大地吸引了教育机构入驻该平台。

②技术实力雄厚且应用广泛。作为互联网领域的佼佼者,B公司的技

术优势是其持续发展的基石。从即时通信的在线聊天技术，到高效组织管理的在线交流群技术，再到依托在线交流群深度开发的网络课堂，B公司不断以技术创新优化用户学习体验。尤为值得一提的是，B公司还利用CRM技术为授课者赋能，助力他们高效管理与学生之间的互动关系，从而实现了教学沟通与教学过程的双重优化。

③推广策略高效且贴心。其网络课堂为入驻的教育机构量身定制了推广支持方案。一旦机构在教学质量上达到既定标准并获得好评，B公司将慷慨提供"万元广点通基金"，作为机构广告宣传的助力。此外，B公司还安排专业团队进行一对一推广指导，确保教育机构能够迅速且零成本吸引并稳固首批用户群体。

（三）基于智慧教育的网络云学习资源平台C

C平台是一个促进高效学习的数字环境，它旨在唤醒并强化学生的自主探索精神，激发他们学习的内在动力。通过C平台，学生能够在自我驱动的基础上，享受到个性化的教育体验，实现真正的定制化学习。

1.优学预习，智慧可视导学

在初步实施"学习先行，教学随后"的教育策略时，教育创新者常感疑惑：学生应学习哪些内容，达到何种深度，以及教师如何评估学习成效并据此调整后续的教学计划？这里的"学习先行"并非简单的阅读浏览，而是要求学生依据教师设定的目标与任务，采用批判性思维，运用科学方法，并整合优质资源，开展自我预备、积极互动与自我评估的主动学习过程。这种学习方式不仅促进了优秀学生形成自主学习的能力，同时也帮助成绩较差的学生建立独立学习的习惯。结合电子书包中的海量资源和实时数据反馈，"学习先行"模式为学生的预习提供了多样化的途径。将资源转化为具体的学习任务，依据任务确定预习的内容，使学习过程具备结构性、吸引力和个人特色。教师可借助专属账户，即时在线监控任务的完成时间、质量及学生遇到的个别和普遍问题，有效克服了传统预习中反馈延迟、评价模糊和学生参与度低的弊端。学生的学习成果以数据形式展现，教师则能依据这些直观信息，精准指导课堂活动。依托于C平台的课前引导学习，并未削弱课堂教学的核心地位，反而起到了"加速器"和"动力源"的作用，促使课堂角色的革新。

当将学生置于学习的中心位置时，要求教师在准备课程时更加细致入微，深入了解学生已掌握的知识、尚未触及的领域，以及哪些新概念可通过知识迁移自然习得，哪些则需要教师亲自传授。过去，教师主要依赖个人经验来预测学生学习的难点，而现在，他们可以利用导学系统推送的相关资料和数据分析，准确识别学生知识体系中的空白点，从而在课前做出更为精准的教学规划。此外，教师还能通过移动设备对学生的作业进行及时反馈和评价。

在课堂上，面对学生共同存在的疑问、显著的挑战或是可以拓展延伸的话题，智能统计工具能清晰地揭示这些问题，使教师能够高效地进行深入分析、集体讨论、重点讲解，从而达到事半功倍的效果。

2. 优学互动，智慧人机对话

在传统课堂上，教学互动常呈现单向性，教师主导授课内容，学生则被动接受，学习过程较为被动。C平台的电子书包则颠覆了这一模式，它促使课堂转变为多向互动的空间，教师转变为学生的引导者和辅助者。在这个空间里，学生不仅能自我探索，还能与教师、同学乃至信息平台进行深度交流，实现了"学而后教"的理念，即根据学习需求来灵活调整教学内容。这种方式极大地丰富了课堂互动，使课堂成为一个充满活力、鼓励对话与合作创新的舞台。

C平台的互动教学组件巧妙融合了人机与师生互动，其中互动题板和截屏发送功能尤为出色。教师能即时向学生推送学习任务，全程监控答题进度和作业提交时间，这种即时反馈促使学生保持专注，提升学习效率。在成果检验时，教师可灵活选择个别作业或几份作业进行点评或让学生互评，这一环节极大地优化了教学管理，减轻了教师负担，同时让学习过程更加愉悦，师生沟通更为顺畅。

互动课本的引入极大地丰富了传统课堂教学，它与课件相辅相成，促进了师生角色的灵活转换。学生能够在电子屏幕上自由绘制、批注并讲解，根据个人理解直观表达，使静态的课本变得生动有声。这样的课堂成为学生思想碰撞与成长的舞台，通过互动交流，学生在体验与感悟中不断提升能力。

3.优学反馈，智慧数据课堂

当前教学活动的评价方式主要依赖于考试成绩和教师的主观观察，这种方式缺乏数据支撑，其可靠性和全面性受限。特别是在大班教学环境下，教师难以全面掌握中等及以下水平学生的学习状况，难以提供精准而持续的指导。

C平台的电子书包相较于传统课堂，其显著优势在于能够即时、精确地将学生的整体与个体差异数据反馈给教师。这些数据如同精准的导航，帮助教师在授课时精准定位学生的需求与困惑，从而构建出既科学又务实的课堂环境。在大数据与小数据的双重驱动下，课堂教学得以更加精练高效，实现真正的"因材施教"。

学生在完成任务的过程中，形成了个人对知识的独特理解和总结。他们渴望进一步检验自己应用知识的能力。鉴于学生智力水平的差异，他们的学习成果也各不相同。教师最关心的是如何精准识别学生存在的共性与个性问题。C平台的数据反馈功能，能直观展示学生的学习进步轨迹。

利用这些数据中的高峰与低谷，教师可以明确教学短板，实施个性化、科学的课堂讲练，确保精讲内容有的放矢。C平台与智慧课堂的构建，彰显了现代教育的重要性，它不仅为师生提供了全面的学习支持系统，还丰富了教学手段，完整记录了学生的学习历程。

第二节　高校数字化教学方法探索与理论总结

一、数字化教学方法的含义

数字化教学方法是教育者与学习者共同利用现代教育技术工具，为实现特定教学目标而采取的一系列教学互动过程与策略。作为教学方法体系的一环，它与其他教学方法在本质上并无显著不同，其显著特点在于对媒体和信息技术的高度依赖与应用。数字化教学方法围绕现代教育媒体的运用而构建，其运行必须依托这些技术工具。这是数字化教学方法区别于传统教学方法的独特之处。在数字化教学实践中，现代教育媒体扮演着多重且不可或缺的角色，其影响力因教学环节而异，但无可替代。同时，数字化教学方法遵循一定的教学理论框架，这是所有教学方法的共通之处。它并不局限于某一特定教学理论，而是广泛吸纳各种现代教学理论的精髓，作为其指导原则。值得注意的是，现代教育媒体的应用并不自动赋予数字化教学以现代教学理论的特性，其发展方向同样受到先进与传统教育思想的双重影响。数字化教学更强调现代教学理论的引领作用，以确保其教学活动能够明确指向既定目标，有效解决教学问题。教学方法的应用必须紧密围绕教学目标进行，缺乏明确目标的指导，任何教学方法都难以达到预期效果。此外，数字化教学还具备独特的结构体系，这一体系是基于教学需求，通过现代教育媒体的运用而构建的一系列有序步骤、环节和流程。尽管所有教学方法在实施过程中都会展现其结构性特征，但数字化教学由于现代教育媒体的介入，使得这些结构因素得以灵活调整，甚至在某些情况下，能够实现教学双方的非同步互动。

数字化教学方法的演变体现在两个方面：一方面，它保留了传统教学方法的精髓,并创新性地融入了现代教育媒体(如将幻灯片、电视等媒体融入传统讲授法中,赋予这些方法新的活力与特色);另一方面,则是直接基于现代教育媒体的应用,探索并创建了全新的教学模式与方法。

二、数字化教学方法的分类

基于数字化教学方法的多样性与特点,我们可以对其进行分类,旨在清晰界定每种方法的定义与独特之处,从而确保在实际应用中能够做出恰当选择。

(一)学科分类视角

根据学科差异,数字化教学方法可分为语文、数学、物理、化学、地理等多个学科的数字化教学方法。这些学科的数字化教学方法专注于探索数字化教学媒体如何有效融入并呈现各学科内容。

(二)媒体类型分类视角

数字化教学媒体种类繁多,每种媒体都有其独特的教学应用方式。因此,可以从媒体种类出发,将数字化教学分为幻灯投影、广播录音、电视、电影、计算机辅助及语言实验室等多种教学方法。这些媒体教学方法的核心在于研究如何根据媒体特性,制定合适的教学原则、环境要求和具体方法。

(三)教学内容分类视角

依据教学内容的不同目标,数字化教学方法可分为播放与程序教学法(侧重知识传授)、微型教学法(侧重技能训练)及成绩考查法(侧重学习成效评估)。每种方法都紧密围绕其特定的教学目标而设计。

三、数字化教学的基本方法

当前,教学实践中数字化教学方法丰富多样。实施数字化教学时,教师需借助基本方法,针对具体学科与课题灵活选择或融合运用,以创造适应特定情境的教学方法。面对众多选项，要深入理解每种方法的特点、优势、构成要素、适用范围与条件。通过详尽分析，教师能更精准地把握这些方法，进而根据教学内容、学生特点、教学目标、时间限制及个人专长，灵活采用一种或多种基本方法，设计出既生动又高效的具体教学策略。

（一）讲授-演播法

讲授-演播法是一种应用广泛的教学方法，它巧妙融合了教师的口头讲授与现代媒体的播放功能。

在课堂上，这种方法尤为常见且受欢迎。讲授法作为历史悠久的信息传递方式，其核心在于教师的语言表达。而今，现代教育媒体的融入，为这一传统方法披上了现代化的外衣。讲授-演播法的独特之处在于，教师能够充分展现其语言魅力，系统阐述知识的内在逻辑与结构，高效传递丰富的知识。同时，通过媒体演播，学生得以直观感知所学对象，跨越时空限制，拓宽认知视野。在教学过程中，教师边讲解边利用多媒体展示重难点及抽象概念，或者模拟真实情境，这样的结合不仅增强了教师的信息传达能力，也使学生的学习体验更加丰富多元，从而提升了教学效果。

讲授-演播法巧妙融合了讲授的精髓与媒体播放的优势。在此方法中，现代教育媒体成为教师的得力助手，负责展示事物或现象的视听资料，丰富学生的感性认知，营造课堂氛围，并优化板书设计。讲授-演播法灵活多变，既可侧重教师讲授，辅以媒体展示；也可让媒体播放成为主导，教师讲授作为补充，以适应不同教学需求。

①第一套典型流程如下。首先，通过媒体展示图像，激发学生的记忆并自然导入新课；接着，教师设问，明确该节课的学习任务；随后，结合媒体播放与文字材料，引导学生参与讨论、回答问题，逐步达成教学目标；最后，教师以影片回顾和精练的语言收尾，总结要点。

②第二套典型流程如下。流程始于通过媒体展示具体事物，直观呈现并引出问题，吸引学生关注；进而，教师将直观形象转化为抽象概念，

便于学生理解；之后，提供新材料，鼓励学生主动思考、讨论；教师随后进行概括总结；最后，设置新情境，让学生运用所学概念解决问题。

讲授-演播法适用于系统性强的学科，特别适合传授事实、现象及过程性知识。此法要求教师具备优秀的语言表达能力和现代教育媒体运用能力，同时，学生需具备较高的学习自觉性和良好的听讲习惯，以确保教学效果。

（二）程序教学法

程序教学的诞生可追溯到 1924 年，当时美国心理学家普莱西设计出世界上首台自动教学机器，为其奠定了基础。20 世纪 60 年代，斯金纳提出的"小步子直线式程序教学理论"则标志着该教学法正式成形。其理论深深扎根于斯金纳的操作性条件反射学说及强化理论之中。程序教学法，作为这一理论框架下的实践产物，是一种独特的信息组织与呈现方式。它要求教师依据教育学、心理学及教学原理，针对学生的具体情况，将教学内容精心切割成一系列逻辑严密的小模块，并编排成程序化的教材。教学过程中，借助教学机器，学生通过解答预设问题来推进学习，每完成一个单元即获得即时反馈，从而决定是否继续下一单元的学习。从本质上讲，程序教学法倡导的是一种自主学习模式，赋予学生掌控学习节奏的自由。每个学习步骤都建立在成功掌握前一步的基础上，确保每一步学习都能得到即时的强化与巩固。该教学法的亮点在于：它能充分调动学生的参与热情，使思维保持高度活跃；鼓励学生发挥主观能动性，实现创造性学习；通过人机互动，确保反馈迅速、强化有效、指导精准、评价公正；同时，允许学生根据自身情况调整学习步调，这满足了个性化教学的需求，促进了因材施教的实施。

①程序教学法的基本流程包括四个主要环节。首先，教师与程序设计师合作，根据教学内容和学习需求，设计程序化课件的蓝图；其次，程序编制人员依据设计方案，制作出具体的程序化学习材料；再次，学生利用计算机等设备与程序进行互动学习，由程序引导完成学习任务；最后，

教师对学生的学习成果进行总结和评估。

②程序教学法的应用范围广泛，尤其适合以下场景：为优秀学生提供额外的学习资源，补充因课堂时间不足而未能覆盖的深化内容；为学生进行课后辅导或补习；作为新课程的预习材料；在需要标准化操作或行为的教学中应用；在师资力量不足的学校，通过程序教学法开设难以常规授课的课程；实施个性化教学，满足学生不同的学习需求。

③在采用程序教学法时，有几点关键注意事项需谨记。首先，课件的质量至关重要，其结构需合理，配置需恰当，最好具备智能反馈功能，即根据学生反馈自动调整教学策略，以提升学习成效；其次，学生需事先学会操作教学设备，确保他们能独立使用计算机进行学习；再次，学习目的需明确，并应与传统文字教材相辅相成，这要求学生具备高度的自主性和责任感；最后，不可忽视程序教学法与常规教学法的结合，因为程序教学法虽有其优势，但也可能减少师生、生生间的即时交流。因此，教师应引导学生在使用程序教材前理解知识背景、基本概念，并在上机练习中巩固知识和技能，从而实现两种教学方法的优势互补，共同促进学习效果的提升。

（三）问题教学法

问题教学法旨在激发学生的思考潜能并培养其解决实际问题的能力，通过师生共同围绕具体问题展开教学活动，强调学生的中心地位。其核心在于锻炼学生的思维能力。在此过程中，信息技术扮演了至关重要的角色，不仅用于构建问题场景，还是分析、解决问题的得力助手。该教学法的特点在于强化师生之间的互动，教师扮演辅助者和引导者的角色，通过创设问题情境来引导学生思考，鼓励他们运用所学知识分析并解决问题，从而增强自主学习能力。同时，信息技术工具助力构建沟通协作平台，促进人际交往与团队合作能力的发展。简而言之，问题教学法是以学生为中心，以问题为导向，采取小组学习形式，并通过过程评价推动学生能力全面提升的教学模式。

①教师运用信息技术（如多媒体教学），展示影视素材和网站资源，巧妙设问，将学生引入生动的问题情境中。随后，明确任务，激发学生的求知欲，让他们带着目的开始学习。

②在教师引导下，学生集体探讨解决方案，深入剖析问题，把握其核心，并明确界定。随后，教师依据学生特长与兴趣分组和分配任务。

③教师提供丰富的学习资料，而学生则运用信息技术广泛搜集信息，与小组成员共同整理、分析资料，并通过讨论形成解决问题的策略。

④各小组采用播放幻灯片等形式，详细展示解决问题的全过程及成果，包括计划、执行、建议等。评价环节融合自评、互评与教师点评，侧重过程评价，辅以结果评价，全面审视学习成效。小组内部先自评，随后组间互评，教师则综合评估各组的解决方案及过程表现，并引出新问题供学生挑战。问题教学法的实施离不开信息技术的支撑，它帮助教师构建问题情境，学生借此获取广泛资源，师生之间则借助信息技术高效沟通，确保问题教学法顺利运行。此法广泛应用于各学科的理论与实践教学中，尤其适合强调实践操作的课程。

（四）探究 – 发现法

探究 – 发现法是一种在教师引导下，学生借助现代教育技术手段自主探索、解决问题的学习方法。教师通过现代教育媒体创设问题情境，激发学生思考，而学生则利用这些技术资源主动搜集信息，寻找答案。此法旨在培养学生的创新思维和实践能力，避免直接给出答案。通过问题导向和情境刺激，鼓励学生像科学家一样探索未知，应用所学知识解决问题，进而掌握知识，并在此过程中提升学习的主动性和解决问题的能力。

探究 – 发现法是一个涵盖提问与解答问题的学习过程。学习者通过亲身参与，提出问题、寻找答案并解决问题，使记忆更为深刻。此法不仅能提升学习者的分析、综合与评价等高级思维能力，还能促进发散性和创造性思维的发展。学习者在亲身体验中探索科学知识，深化对科学本质的理解。这一方法强调"做中学"的理念，鼓励学生主动学习与实践，教师则主要扮演指导者的角色。

①在教学准备阶段，首要任务是让学生掌握探究－发现法的基本技能与要求，并熟悉所需的工具。教师提供信息检索指南及专业网站资源，帮助学生高效开展探究与发现学习。

②教师会精心设置问题情境，引导学生聚焦于特定主题，并提供必要的学习材料，帮助学生快速熟悉任务并沉浸于问题情境中。

③在教师的指导下，学生需结合个人知识与经验，自主发现问题，并明确探究的具体方向。

④学生采用实地考察、调查采访、实验、文献查阅、观看视频、个案分析等多种方式搜集资料，旨在深入理解问题本质。随后，利用现代教育媒体（如计算机网络），对收集到的信息进行筛选、整理、分析，最终在教师的指导下得出结论，解决问题。

⑤教师需对学生的结论进行反馈与评价。探究－发现法要求教师具备高度应变能力和现代教育技术运用能力，同时学生需具备自主学习能力和信息技术应用技能，特别是计算机与网络通信技术。这些共同激发学生的探索欲望，促使他们在自主学习环境中利用信息技术进行深入探究。该方法尤其适合教授和学习具有概括性、规律性的知识，以及对未知领域的探索或对现有知识的个性化再理解。

（五）微型教学法

微型教学法起源于1963年的美国斯坦福大学，是一种利用电视摄录技术辅助教师培养学生特定技能的教学方式。因其实施于小型教室，培训周期短且规模有限，故又称为微格教学。该教学法最初在教师培训领域取得显著成效，随后迅速扩展到多个学科领域的技能训练中，成为一种高效的教学方法，广泛应用于各类职业技能培训。微型教学法的核心在于，让学习者扮演特定职业角色，模拟执行一系列任务活动，并通过现代录像设备记录全过程。之后，指导教师与角色扮演者共同回顾录像，进行深入分析与评价，识别不足之处，随后进行针对性练习，直至熟练掌握所需职业技能。其应用特点鲜明,包括以下几个方面。

①"微型课程"规模精简,由5~10名学习者构成,学生之间轮流扮演"教师"与"学生"角色,确保每位学习者都能获得均等的培训与个性化指导机会。这种设计不仅简化了操作流程,还实现了课堂的微型化,提升了教学效率。

②训练课程紧凑高效,聚焦于单一教学技能(如演示、板书等),目标明确且重点突出。每项技能独立训练,确保学习者深入理解并掌握。随后,通过5~10分钟的"微型课程"实践环节,让学习者针对一两项技能进行实操演练,快速提升教学能力。

③在"微型课程"实践中,利用电视摄录技术展示技能范例,供学生观摩学习;同时,实时记录学生的模仿训练过程,便于学生后续回顾与提升。

④训练结束后,通过视听回放功能,即时呈现学生表现,实现师生之间的精准反馈。评价方式灵活多样,包括学生自评与互评,确保反馈及时且全面。

(六)模拟训练法

模拟训练法是一种借助现代教学媒体进行教学实验与训练的方法,旨在揭示相关规律。其显著特点包括以下几个方面。

①打破教学局限,优化训练体验。面对教学条件的制约,模拟训练法通过计算机等媒体构建虚拟环境,替代真实环境或事物,既经济又省时,还确保了训练的安全性。

②丰富模拟环境,融合媒体设备。起初,模拟训练法依赖机械装置;计算机技术的融入极大地丰富了模拟的工作环境,使其更加逼真和多元。

③拓展训练领域,融合信息技术。信息技术的发展为模拟训练注入了新的活力,训练类型因此得以拓展。目前,模拟训练法涵盖操作性训练、工作情景模拟、试验情景模拟及研究方法训练四大类,能够满足多样化的教学需求。

采用该方法时，需确保提供的教学信息既具典范性又符合学生发展需求；鼓励学生参与仿效训练或亲手实践；确保教学活动覆盖全体学生；教师应发挥引导作用，及时反馈、评价，明确对错，剖析原因，共同探索最优策略；同时，需妥善协调模拟训练法与传统实验、演示、参观等教学方法的关系，在条件允许的情况下融合运用，实现优势互补；最终引导学生深入洞察事物的核心本质。

第三节　高校数字化教学模式创新与实施路径

一、游戏化体验式学习

游戏化体验式学习的核心理念在于寓教于乐，这一思想可追溯至古希腊哲学家亚里士多德的《诗学》。古罗马诗人贺拉斯在其著作《诗艺》中也倡导，诗歌应兼具娱乐性和教育性，旨在带给读者快乐的同时，也给予他们启迪与帮助。

尽管贺拉斯的寓教于乐理念广泛适用于教育领域，但它更多是在广义层面进行探讨。相比之下，早于贺拉斯约500年的孔子，在狭义的教育实践中直接提出了寓教于乐的原则，即"知之者不如好之者，好之者不如乐之者"。北宋时期的杰出哲学家、教育家及诗人程颢，作为理学的奠基者之一，进一步阐释道："学至于乐则成矣。笃信好学，未知自得之为乐。好之者，如游他人园囿。乐之者，则己物尔。"

程颢对孔子的"乐"有着独到的见解，他认为那是一种结果，而非起因，即"学至于乐"，意味着必须先经历一番刻苦的"学"，方能达到"乐"的境界。而我们当前所倡导的"乐而好学"，则是先通过激发兴趣让学生感到快乐，进而促使他们乐于学习。

到了19世纪末，英国学者怀特海更加明确地指出了快乐在学习过程中的核心作用："兴趣是智力发展的催化剂，也是注意力与理解力的先决要素""推动生命体向着最适合自己的方向成长，最自然且有效的途径便是快乐"。

寓教于乐最为直接且高效的方式莫过于游戏化体验式学习。电脑游戏对孩子的吸引力极大，简单的禁止显然无济于事。随着时间的推移，人们或将以更宽容的视角审视当下家长与教师的应对策略。因此，教育的未来不在于禁止游戏，而在于智慧地引导学生参与有益的游戏活动。然而，如何巧妙引导而不致失控，便成为关键所在，这在极大程度上依赖于游戏设计者的智慧与水准。

在教学过程中，我们既需要富有实践意义的大型游戏，也渴望这些游戏能为学生构建一个贴近真实的学习环境。近年来兴起的严肃游戏满足了这一需求，它们在设计上力求与现实世界的知识体系高度一致，使得玩家在享受游戏乐趣的同时，也能自然而然地掌握系统且严谨的知识与技能。

有一款备受推崇的严肃游戏，它构想了一个石油资源枯竭的世界。在游戏中，玩家亲身体验到石油及其制品如何深刻地融入日常生活，从衣食住行到社交互动，无一不受到其影响。面对这一挑战，玩家需探索新的生存之道，调整生活习惯，甚至激发创新思维，这些创意或许能在现实中催生出新的发明。

另一款游戏则是一个寓教于乐的物理实验模拟器。它让玩家在轻松的氛围中完成各种物理实验任务，享受探索的乐趣。更妙的是，这个平台鼓励全球玩家分享自己的实验成果，促进知识交流，甚至支持在线合作。

二、个性化混合式学习

当前，教育界人士及关注未来教育的社会各界，普遍认同技术驱动的学习变革正蓬勃兴起。未来的教育蓝图将以学生为中心，构建融合个性化、自主性的混合式学习理念。

混合式学习巧妙融合了线上与线下教育，学生既能亲身体验校园课堂的互动与氛围，又能灵活利用电脑或移动设备，在家中、地铁里乃至任何角落进行学习。这种模式不仅保留了传统教学的温馨与即时反馈，还借助日新月异的技术手段优化学习流程的关键环节，力求教与学的效率与质量达到最佳状态。

其核心亮点之一在于个性化教学，它旨在：①有效激发学生学习兴趣，使之成为学习的主动参与者；②通过大数据分析精准定位学生需求；③提供多样化的学习目标选择；④设计高效的学习路径，确保每位学生都能找到最适合自己的成长之路。

当今教育领域正经历着由学生日益增长的差异化与个性化学习需求所推动的深刻转型。首先，这种需求非但未削弱家庭的作用，反而强化了家庭价值观的重要性，倡导更加尊重个体的自主选择与独特差异。其次，这股力量正促使学校内部固有的组织结构与规章制度发生变革，拥抱更为多样且灵活的课程体系及教学组织形式，以适应不断变化的学习需求。当前，这些前沿性的尝试与探索，正逐步塑造着学校教育的未来走向。未来，学习模式将向高度定制、个性鲜明、去标准化的方向发展，学生将拥有更多自主权来规划自己的学习课程。教师的评价方式也将变得更加具体和细致，注重每位学生的独特性格与潜能，摒弃单一的成绩排名体系。此外，学习将不再局限于特定的阶段或时期，而将伴随人的一生，其类似于一个按需提供、随时可访的教育资源超市，灵活应对每个人的成长与学习需求。

个性化教育并不必然伴随着高昂的成本，现代科技的飞速发展正逐步将大规模的个性化教育愿景变为触手可及的现实。

以 AltSchool 为例，这家具有前瞻视野的教育创业公司自 2013 年起便致力于探索一种创新的微型学校模式，旨在将个性化的教学理念以规模化、标准化的操作方式落地实施。在这里，学生拥有主导权，能够自主选择学习内容，每个人的学习路径都是独一无二的，教学计划、课程安排乃至作业布置都因人而异。这种灵活多变的教学模式，甚至允许学生在同一天内跨越年级界限学习，比如上午在五年级的数学课上探索，下午则回到三年级的语文课堂。AltSchool 这种以学生为中心、深度个性化的教育实践，不仅吸引了硅谷顶尖投资人的目光，更在 2017 年 5 月获得了来自扎克伯格及乔布斯遗孀的 1 亿美元巨额融资，这一壮举在美国 K12 教育融资史上留下了浓墨重彩的一笔。AltSchool 的成功融资，不仅是对其个性化教育理念的肯定，也预示着"个性化"作为教育领域的重要价值导向，极有可能引领未来学校发展的潮流趋势。

三、自适应学习

在互联网学习平台上，以学习者为核心意味着鼓励学生根据个人需求，自主规划并执行个性化的学习方案，灵活选择学习材料与方法，通过积极互动获取即时反馈，以此监控学习进度，进行自我评价，并据此调整后续学习计划，最终实现个人潜能的最大化释放与独特个性的充分发展。

"自适应学习"与"个性化混合式学习"在理念上既有重叠也存在差异。从技术层面分析，"自适应学习"依托于独立、系统且日益成熟的技术平台，这个平台可以兼容并蓄；"个性化混合式学习"则倾向于灵活采用市面上已有的技术与平台，不局限于特定的系统或模型。"个性化混合式学习"所利用的技术与途径，能够为其提供更加精准的服务。至于这两者未来的走向——是趋向融合、并行发展，还是一盛一衰，目前尚难以定论，需时间与实践来揭晓。回溯历史，"自适应学习"的概念可追溯至 20 世纪 80 年代，由中国科学院心理研究所的著名认知心理学家朱新明教授率先提出，这一创举为教育领域素质教育理念的探索开辟了新路径。朱新明等的专著《人的自适应学习——示例学习的理论与实践》，深入剖析了学习者如何通过示例学习来构建知识与技能的内在机制，并独创性地提出了"条件建构 – 优化理论"，为自适应学习奠定了坚实的理论基础。2000年，朱新明团队的"自适应学习的认知建模"荣获中国科学院自然科学奖二等奖，这一成就引起了国际学术界的广泛关注。尤为值得一提的是，诺贝尔奖得主、认知科学与人工智能领域的奠基人之一赫伯特·西蒙，对此项研究给予了高度评价，认为它不仅丰富了认知心理学与学习理论的内涵，更推动了相关领域的进步。赫伯特·西蒙不遗余力地向全球推介这一成果，进一步扩大了其国际影响力。

四、创客式学习形态

尽管"创客"的概念看似新颖，但其根源可以追溯到很久以前。然而，这一思想的正式兴起与普及则是近期的事情。

广泛的认识表明，亲自动手的实践学习不仅能有效提升学生的知识吸收效率，还能激发他们的学习热情和内在驱动力，促使他们在日常生活中自然而然地应用所学。鉴于此，许多教育机构正在开拓一条创新的教学路径，旨在激活学生的主体意识，将他们的思想和作品融入教学内容中。中国的教育专家将创客空间视为未来教育的关键发展方向之一，坚信它将持久地革新并塑造教育形态，为教育现代化提供坚实的支撑。

在工业制造尚未普及的时期与地域，个体基于自身需求发挥创造力，设计并制造工具或改良不适用的物品，以应对生活的挑战和提升生活品质。这些自给自足的活动常常蕴含着丰富的创新精神。例如，在中国改革开放前，手工编织毛衣、手工制作煤球是常见的技能。那时，女生可能会将牛皮纸和彩色画报精心折叠成耐用的钱包，而男生则可能用黄土塑造各式各样的军事模型（如坦克和大炮），这些都展现了非凡的想象力和创新力。然而，在那个时代，由于信息流通受限和缺乏交流平台，人们对创意的价值认识不足。如今，随着互联网的普及，它为全球提供了无缝连接的桥梁，极大地促进了信息共享和创意交流。

现今的学生生于数字时代，宛如新时代的宠儿，已能借助科技之力创造出多样化的作品。数字化的浪潮正引领着一波全民创造的风潮，让每个平凡个体都有机会成为创新者，共同构建一个广阔的创意经济体系。

第五章 高校教育教学MOOC模式创新研究

第一节 MOOC 模式概述

一、MOOC 基础内容

（一）概念

伴随信息技术与移动互联网的蓬勃发展，教育领域迎来了在线学习（E-learning）这一革新，亦被称为远程教育。时间流转至 2012 年，一种名为 MOOC（大规模开放在线课程）的崭新教学模式悄然兴起，迅速引起了公众的广泛关注。

1. MOOC

MOOC，即 massive open online course 的简称，被译作"大规模开放在线课程"，通俗地称为"慕课"，其代表了近年来兴起的一种创新在线教学形式。对于高等院校而言，慕课的涌现既是革新之"机"，亦是应对之"难"。高校教职员工及决策层可借慕课的规模与开放性特质，结合信息与移动互联网技术，推动高等教育领域的深刻变革。这不仅有助于改良传统的教育模式，还能助力构建具有中国特色的教学体系，同时促进优质教育资源的广泛共享，为教育公平添砖加瓦。

2. cMOOC

cMOOC，全称为 connectivist massive open online course，即基于关联主义理念的 MOOC。本质上，cMOOC 是一种开放课程形态，它倡导无门槛、零费用的参与模式，借助社交网络平台，为学习者提供一个围绕特定主题的分散式、开放式的教育资源与互动空间。在 cMOOC 中，学生能在领域内行家的引领下，采用自主组织的学习方法，参与到课程材料的共创与分享之中，同时构建起各自的知识网络和个人理解体系。

3. xMOOC

xMOOC，又称为基于行为主义的MOOC，其"x"源自麻省理工学院（MIT）于2011年12月推出的在线开源教育计划MITx，这里的"x"象征着无限的扩展潜力。由教育者将精心汇编的各类教学素材（包括视频、音频及电子文本等），上传至学习管理平台，供学生按需自主研习。同时，xMOOC鼓励学生运用各种社交媒体工具，积极讨论并共享资源，营造一个互动性强、自我驱动的学习环境。

4. SPOC与中国式MOOC

SPOC，即small private online course（小规模私有在线课程），这一概念最初由FOX提出。在这里，"small"意味着参与学生的数量相对有限，"private"则体现在对学生资格的特定限制，只有符合条件的申请人才能获准加入课程。从本质上讲，SPOC与MOOC同根同源，但前者通过设定规模和准入门槛进行了细分，因此可以被视为MOOC家族中的一个特化分支。

中国式MOOC，作为SPOC的实际应用之一，体现了一种融合MOOC与翻转课堂元素的混合教学法。它巧妙地联结了线上虚拟学习环境与线下实体课堂，实现了信息技术与高等教育的深度融合，效果显著。不同于纯粹的在线MOOC模式，中国式MOOC针对本土高校教育的实际需求进行了创新，打造出一种适应中国教育生态的特色MOOC变体。

（二）分类

迄今为止，全球范围内对于MOOC的分类尚未达成共识。这一现象主要归因于MOOC自身开放与大规模的本质，促使了各式各样的教学模式涌现，每种模式在设计时都融入了不同的教育理念，从而展现出多样的特性。因此，确立一套统一的分类准则仍需进一步的研究和探讨。

在国际学术界，一些权威人士已就MOOC的分类进行了深入的分析与研究，形成了各自的见解。Mark的分类体系便是基于教育理论视角，将MOOC细分为认知主义、传授主义、建构主义、关联主义及社会建构主义五大类别。此外，鉴于 MOOC 的核心构成——网络交互、课程内容与作业任务，有学者提出三维度的分类法，分别命名为网络导向型 MOOC、内容导向型 MOOC 与任务导向型 MOOC。具体而言，网络导向型 MOOC 强调在交流与社交活动中构建知识，其理论根基在于关联主义。内容导向型 MOOC 则聚焦于内容的动态生成与组织，采用传统的评估手段往往难以衡量其成效。任务导向型 MOOC 通过多元化的任务执行来培养技能，结合了传授主义与建构主义的理论框架，其课程结构与评价机制和网络导向型 MOOC 相似。内容导向型 MOOC 主张在类似传统课堂的环境中传授知识，受讲授主义与行为主义理论的影响。

目前，学习理论作为分类基准也获得了不少支持者，尤其是关联主义与行为主义两大流派。然而，在实践层面，内容导向型 MOOC 依然占据主导地位，吸引了更多的关注。

(三) MOOC 的特征

相较于传统教育教学模式，MOOC 通过其多样化的教学方式，展现了大规模、开放性、自主性的学习特点。

1. 大规模

MOOC 的大规模主要反映在参与者的人数及课程的丰富程度上。MOOC 拥有成千上万的学习者，不仅确保了大量用户能够接触到高质量的教学资源，还促进了更为广泛的线上互动，加深了跨文化交流。全球各地的高等教育机构迅速响应，短短数年间，提供的 MOOC 课程已突破千门，且这个数字仍在不断攀升。课程的选择性日益增强，覆盖的主题领域愈发广泛，这极大地激发了学习者的热情，满足了他们多样化的学习诉求。可以说，随着 MOOC 课程数量的增多，学习者能够探索的学术疆域也在不断扩大，个性化的学习路径的实践变得更具可能性。

2. 开放性

在信息爆炸的时代，MOOC 应运而生，其显著特征是前所未有的开放性。首先，它打破了地域、阶层和种族的界限，让全球对课程感兴趣的学

习者都能无门槛加入，真正践行了教育面前人人平等的理念。同时，学习者不仅是知识的接收者，也是评价者，他们的反馈促使教学内容与方式持续优化。

其次，MOOC充分利用了互联网的开放特性，让Wiki、YouTube、Google等网络工具及社交媒体如Facebook、QQ、微博成为学习的辅助手段，支持学习者交流讨论、分享视频及参与多样化学习活动，全方位满足个性化学习需求。

3. 自主性

在MOOC平台上，学习者享有远超传统课堂的学习自由度。MOOC几乎不设定硬性规则，允许学习者根据自己的时间和地点灵活设定学习目标、规划学习路径、调整学习节奏，并自主管理学习进度与互动深度。这种高度的自主性不仅让学习者摆脱了传统课堂的束缚，还促进了学习过程中的积极互动，彰显了以学习者为主导的教学理念，有效激发了学习者的主动性与责任感，从而优化了学习体验与成效。

二、MOOC的产生背景

在线教育的蓬勃发展是多重因素交织的结果，它作为传统教育模式的重要补充，与互联网技术的日新月异及社会对教育多元化需求的增长紧密相连。

（一）传统教育的补充

传统教育模式通常局限于校园内的面对面授课，它专注于学校、学院等正式场合中的标准化教学过程，核心围绕教师、学生及教室的互动场景。尽管历经数千年演化，传统教学的原始构架并非为现代教育体制量身打造。过往的课堂教学虽在工业化和机械化盛行的时代背景下具备一定逻辑，却隐藏着诸多局限性，这些长期存在的问题无法单纯依靠陈旧观念和过时的技术得到妥善解决，因此，当时并未引起应有的关注和重视。

有别于传统的校园教育，网络教育是伴随着互联网技术的兴起而诞生的新型教育模式。在传统教育无法充分满足个人成长需求的场景下，网络教育凭借其独有的灵活性，有效弥补了实体教育的不足，真正实现了"居家知天下事"的理想状态。例如，在面对新冠疫情这样的突发公共卫生事件时，为了保障教育的连续性，避免教学活动的中断，全国各地的教育部门及学校迅速转向在线教学。依托互联网平台，海量的教育资源被迅速集结，为学生提供了不间断的学习指导，即时缓解了因物理空间限制带来的教育困境，彰显了网络教育在时空灵活性方面的巨大优势，成为传统教育模式的有效补充。

（二）互联网技术的发展

近年来，"互联网＋"的概念如火如荼地渗透到了各行各业，简单来讲，"互联网＋"意味着将互联网与传统行业深度融合，这远非简单的叠加，而是通过前沿的互联网技术与平台，推动互联网与传统产业的无缝对接，催生出更具前瞻性和竞争力的发展格局。在这个过程中，互联网在资源优化配置中扮演了关键角色，它将创新成果与经济、社会领域紧密结合，极大提升了整体的创新能力和生产效率，逐步构建起以互联网为基础架构和实施手段的新发展模式，引领着经济社会的全面升级。

相较于互联网初露锋芒的20世纪，随着信息技术的迅猛演进和大数据时代的降临，互联网与传统行业的融合已成为必然趋势。双方在优势互补的基础上，共同开拓了更为广阔的发展前景。特别是在教育领域，通过互联网技术的赋能，教育模式得到了优化升级，更贴合当今的发展脉络与时代特征，为整个教育行业注入了活力，引导其向着更加健康、积极的方向迈进。当前，在线教育已成为教育界热议的焦点，其重要性和影响力日益凸显。展望未来，随着5G技术的日益完善和普及，它将为在线教育带来前所未有的变革，释放巨大的潜能和市场空间。

（三）社会的教育需求

保罗·朗格朗，被誉为"终身教育之父"，他洞察到当代社会的瞬息

万变与重重挑战,指出仅凭固定知识与思维难以持续生存,传统教育已难以满足人们日益增长的知识与文化渴求,故教育必须向终身化转型。

在信息时代背景下,知识迭代加速,迫使个体持续学习,以适应社会发展的步伐。在线教育应运而生,以其便捷性、灵活性等独特优势,为学习者开辟了多样化的学习路径,满足了不同人群的学习需求。学习型社会的构建正是基于终身教育的理念,不断推动社会教育需求的深化与拓展。

因此,MOOC 的兴起是互联网时代的必然产物,它极大地丰富了终身教育的内涵,打破了学习的时空界限,为构建开放、灵活的学习型社会奠定了坚实基础。这一趋势对于推动社会持续进步与人的全面发展具有深远意义。

三、MOOC 教育的信息化

MOOC 教育,依托现代信息技术构建而成,鲜明地展现了信息化教育的特征。它在信息技术的应用与信息资源的利用上,为我们揭示了未来教育信息化的一角,为教育进步开辟了一条新的路径,同时也映射出社会对信息化教育的迫切需求。从内容和表现形式两个维度来看,MOOC 的教育信息化属性尤为突出。无论是承载知识的形式,还是通过这种形式呈现的具体内容,都淋漓尽致地体现了信息化的精髓,预示着教育形态的数字化转型。

(一)有意味的形式

在艺术领域,"艺术即有意义的形式"这一核心观念深入人心,在教育艺术的实践中,内容的呈现方式同样富含深意,巧妙地运用适当的表现手法能更有效地传达知识。这种表现手法,在教育场景下,可以理解为教学策略、工具及环境的综合应用。尤其在 MOOC 的语境里,这一手法具体为师生共享的数字化学习平台。可以说,MOOC 教育平台是当代信息科技的结晶,它架构出一个由教学视频、互动论坛、课后练习及成绩反馈组成的综合性学习空间。在这个平台上,教师与学生能够便捷地交流和管理各类学习资料。前端界面设计得直观友好，允许学生利用电脑、智能手机和平板等设备轻松访问课程。同时，后台数据系统则默默地处理着海量的学习活动记录，及时将学习成效反馈给用户，使得个性化学习成为可能。这些日常的教学互动，虽然表面看似平凡，实则深深嵌入了信息技术的力量，让学习过程更加高效、灵活和个性化。

1. 教学视频

教学视频构成了 MOOC 课程中学习者获取知识的主要桥梁，其显著特点归纳如下。

①相对短小的授课视频。授课视频时长通常控制在几分钟到十几分钟，极少超过二十分钟，这种短小的形式相较于传统的四十五分钟课程，更能有效吸引并维持学习者的注意力，使他们在较短时间内保持高度专注。简而言之，短视频让学习者更容易集中精神。

②便捷的个性化学习工具。首先，视频播放速度的调整选项。这一功能允许学习者根据个人理解能力和课程内容的难易度，自行调节视频的播放速率。在 Coursera 和中国大学 MOOC 平台上，提供的倍速选项包括 0.75×、1.0×、1.25×、1.75×、2.0×，而学堂在线则提供了更为细致的选择，如 0.5×、1.0×、1.5×、2.0×、2.5×。这样，当课程内容过于基础或教师语速缓慢时，学习者可加速播放视频，反之，在面对高难度内容或快速讲解时，则可放慢播放速度，确保充分理解。由此，一周的学习进度完全由学习者自我掌控，学习者可根据个人情况调整学习节奏，更深入地领会课程精髓，提高知识吸收效率。其次，视频进度条的设置极大地便利了复习与回顾。若课程内容繁复或某部分讲解未完全理解，学习者只需轻移进度条，即可返回至特定片段，重复聆听直至彻底掌握。这种反复学习的方式有助于攻克难点，确保全面理解。再次，音量调节键确保每位学习者都能清晰听到讲师的讲解，无论身处何种环境，都能获得良好的体验。最后，字幕功能在三个平台上的实现虽略有差异，但均旨在增强学习效果。Coursera 和中国大学 MOOC 将字幕置于视频底部，而学堂在线不止

于此，还在视频右侧增设了全文字幕，方便在暂停视频时，通过拖动右侧字幕进度条，快速浏览或精读视频内容概要。这种设计不仅辅助听力理解，还为学习者提供了额外的文字参考，尤其是在关键概念和术语的理解上，字幕的作用尤为显著，极大地提升了在线学习的便利性和效率。

③每人都要回答的课堂提问。在MOOC课程的视频教学环节，每当触及关键概念或理论点时，视频会适时暂停，此时屏幕上会出现由教师精心设计的问题，要求学习者即时作答，完成后再继续观看后续内容。通常，这些问题以选择题形式呈现，偶尔也会穿插一些填空题。值得注意的是，这些问题的设计重在引导学生思考和巩固知识，而非设置难题。学习者在答题时享有无限尝试的机会，课堂互动部分的成绩不会影响最终评估结果。此外，如果学习者偏好直接获取信息而不参与即时测试，他们可以选择"跳过"选项，绕过问题直接进入下一阶段的学习。从对教学视频工具的剖析，我们可以总结出其具备的四大核心特点。首先，科学性体现在教学视频的构建并非随意之举，而是基于严谨的教学原理和实践经验，确保了其教育价值。其次，先进性源自视频工具依托现代科技（如计算机和移动应用），这代表了教育技术的前沿水平。再次，高效性在于学习者能借助便携设备灵活控制视频时长，实现随时随地高效学习的目标。最后，操作便捷性确保了用户界面的直观与友好，即便是新手也能迅速上手，享受流畅的学习体验。

2. 教学讨论

在教学讨论区，教师与学生围绕特定话题发起对话，其他学生或教师随后加入，展开深入探讨。这里，教师拥有对讨论主题进行分类整理的权限，便于学生找到并加入感兴趣的讨论主题。学生同样可以利用搜索功能，快速定位想要参与的话题。以中国大学MOOC为例，平台后端会统计每位学生参与讨论的频率，按从高到低的顺序排列，形成参与度排行榜。学生不仅能够了解自己在讨论活动中的活跃程度，还能在个人电脑界面上查看具体的参与次数和排名情况。

讨论区作为 MOOC 学习的重要组成部分，兼具优点与局限性。其显著优点在于打破了时空限制，允许任何有兴趣的学习者参与其中，无论他们身处何地。讨论区保存所有用户的发言记录，这意味着即便后来者也能查阅过往观点，与前人进行跨时空的思想碰撞。同时，讨论区通常设有清晰的分类，便于学习者根据兴趣快速定位相关话题，促进针对性交流。然而，讨论区也存在固有短板。虚拟环境下的师生及同学间的交流，受限于屏幕媒介，缺乏面对面沟通的直观感受，导致交流效果大打折扣。文字交流的单一形式，无法传递语气、面部表情和身体语言等非言语信息，增加了产生误解的风险。此外，线上互动需依赖文本输入，虽有助于学习者组织思想和表达，却不如口语交流那样自然流畅，可能会让一些学习者感到不便，甚至因此放弃参与。综上所述，MOOC 讨论区的互动质量总体偏低，且参与度存在显著差异。

3. 教学评价

在某种程度上，课后作业与教学评价可以被视为教学流程中相互关联的两个环节，因为作业的批改本身就是评价的一部分，而评价范围自然涵盖作业的质量。学习者的课后作业通常划分为客观题和主观题两大类型。学生在各自的电子设备上完成并提交作业，对于客观题，系统能够即时给出评分反馈，而主观题则需要通过同伴互评或自我评价的方式来评定。

MOOC 课程的评价体系主要包括自动评分和同伴评审两大部分。自动评分主要针对客观题（如选择题和填空题），这类题目拥有确定的答案。一旦学生完成作业并提交，后台系统会立即进行自动评判，并迅速向学生反馈作业的正确与否，确保学生能及时了解自己的学习情况。而同伴评审则专注于主观题的评估，涵盖了简答题和论述题等形式。这类题目强调个人见解，没有绝对的标准答案，只要论证合理、依据充分即可得分。在规定的时间内，学生需完成并提交主观题作业。提交时间截止后，作业系统将暂时关闭，而同伴评审系统随即启动。系统会随机分配若干份待评作业给每位学生，要求他们根据教师设定的评分标准进行评分，并附上评语。学生必须在限定的时间内完成评审并提交。评审结束后，所有成绩由后台统一汇总计算，并连同原作业及评审意见一并返回给学生。为了保障评分的公平性，尽管不同 MOOC 平台的具体要求有所差异，但每位学生至少需要评审 5 份作业，以确保评分结果的客观性和一致性。

相较于传统的评价模式，MOOC 中的评价方式展现出了显著的优越性。在信息技术的加持下，评价过程变得更加多元化、高效且富有教育意义。以机器自动评分为例，教师得以从烦琐的重复劳动中解脱出来，只需在系统后台预设正确答案，学生完成答题后即可实时接收评分与解析。这一即时反馈机制确保学生在注意力集中于学习内容的当下，就能迅速对照答案，识别并弥补知识漏洞。至于学生之间的相互评价，其益处同样突出。对学生而言，他们不仅能够从批阅同伴作业的过程中深化理解，还能通过阅读他人对其作业的反馈，清晰认识到自身作业的亮点与不足，整个过程本身就是一次宝贵的学习经历。对教师来说，这大大减轻了评分负担，仅需设定评价准则，后续的作业评分即可交由学生互相完成。尽管教师仍需随机抽查以确保评分质量，但总体工作量已显著减少。由此可见，学生互评不仅提高了评价效率，还发挥了其独特的教学功能，促进了学生之间的学习与交流。

总体来说，学生之间的相互评价强化了学习者在学习过程中的主体地位。在作业评审环节，每位学习者既是接受评价的对象，也是评价的执行者，他们不仅要检验自己的知识掌握情况，还需主动评估同伴对知识点的理解程度，而不仅仅是被动接受评价的角色。为了有效进行作业评审，学习者会被激励去深入理解课程内容，并在这一过程中重构和深化自己的知识体系，从而显著提升学习效果。

（二）有意趣的内容

形式分析之余，内容亦不容忽视。MOOC 教育的内容，即平台上流通的教育资源，展现出多元化、体系完善、品质优良、获取便捷及资源丰富等显著优势。

① MOOC 教育的内容是极为广泛的。观察两大平台的课程分布情况，可以明显发现，Coursera 平台汇聚了多达 1819 门的在线课程，覆盖了艺术、生命科学、商业管理、化学、计算机科学、经济金融、教育学、食品营养、人类学、法律、数学、医学、音乐及社会科学等众多领域；而学堂在线则提供了近千门课程，其范围也相当广泛，涵盖了生命科学、环境科学、化学、营养学、电气工程、计算机科学、社会科学、哲学、文学、体育、数据分析及医学等多个学科领域。

② MOOC 平台的内容系统化程度较高。互联网知识的一个显著特征是碎片化，这些知识点如同散落的拼图碎片，遍布网络的广阔空间，要求学习者自行搜寻并尝试将它们拼接成完整的图景。然而，MOOC 教育则截然不同，它强调课程学习的系统性和完整性。在 MOOC 的教学流程中，教师负责发布一系列教学活动，包括教学通知、视频教程、讨论话题、布置并批改作业、组织考试，最终颁发证书；而学生则经历一个全面的学习过程，包括学习课程内容、完成作业任务及参与教学讨论。此外，MOOC 的教学内容是紧密围绕某一核心教学主题精心设计的。

学堂在线所设立的学位课模块，同样彰显了系统学习的核心价值。这一版块为学习者提供了深入某一专业领域进行系统性学习的机会。举例来说，"全国工程硕士专业学位研究生在线课程公共平台"便是学堂在线与全国工程专业学位研究生教育指导委员会携手合作，专为工程硕士打造的在线教育平台。该平台汇集了经全国工程专业学位研究生教育指导委员会认证的工程硕士在线课程，面向国内乃至全球的工程硕士专业学位研究生开放，采用公开课程、免费学习、付费资格认证及学分认证的服务模式。相较于孤立的单门课程，学位课程在体系化建设上更为突出，为学习者铺设了更加系统、连贯的学习路径。这一趋势，无疑预示着 MOOC 教育在系统化学习方面的一个重要发展方向。

③ MOOC 教育提供了较为丰富的相关资源。资源提供的方式主要涵

盖两大方面。首先，当学习者选定某门课程后，网站会智能推荐一系列相关联或相似的课程作为补充选择。例如，在注册"财务分析与决策"课程后，网站可能会推荐"财务管理""商学导论：10节课带你走进商业世界""财务分析与估值"等财务领域的相关课程。其次，在学习过程中，教师也会适时分享相关资源，这些资源大致可以划分为两类。一类是课程的核心知识架构，即构成课程内容主体框架和关键要点的主干知识，它在课程内容复杂时尤为关键，能够提炼精髓，帮助学习者快速把握课程脉络；另一类则是课程的延伸与深化材料，专为那些希望进一步探索、有额外学习动力的学习者设计，旨在拓宽课程视野，促进更深入的学习与讨论。

MOOC 的显著优势体现在多个维度。一是其操作简便，为学习者提供了极为便捷的学习路径；二是其教学视频融合了科学性、先进性、高效性与操作便捷性，为学习体验加分；三是 MOOC 平台配备了便捷的个性化学习工具，满足不同学习者的需求；四是它打破了时空限制，使得学习和讨论可以随时随地进行；五是在内容方面，MOOC 课程广泛且系统，教学资源质量卓越且易于获取，周边配套资源丰富；六是讨论区划分清晰，讨论过程便捷且记录性强，有助于知识的沉淀与交流；七是评价体系趋向多样化、简洁化与教学化，更加贴近学习实际；八是 MOOC 极大地提升了学习者的主体地位，鼓励他们更加积极主动地参与学习过程。

MOOC 存在的局限性主要体现在以下几个方面。一是它深受行为主义教学理论影响，侧重于知识的灌输和预设学习路径的遵循，这在一定程度上限制了学习方式的灵活性和创新性；二是 MOOC 往往忽略了学习者之间的有效交流互动，这是传统教育模式中极为宝贵的一环；三是其交流互动环境往往不尽如人意，存在时效性低、互动体验不足的问题；四是在交流过程中，往往缺乏足够的辅助信息来支持深入理解和讨论；五是 MOOC 的评价体系也面临挑战，评价标准的不统一导致难以全面、公正地评估学习成果。

然而，随着科学技术的飞速发展，知识传播的效率得到了前所未有的提升，这为开放教育资源运动的兴起提供了强大的动力，也为 MOOC 的诞生奠定了坚实的思想和技术基础。在此背景下，关联主义者提出了 cMOOC 教学模式，旨在培养人们在信息时代至关重要的数字技能，以适应知识生产方式的快速变化。随后，xMOOC 的涌现更是将 MOOC 的热潮推向了全球，吸引了教育界众多研究者的目光。

第二节　高校教育教学与 MOOC 模式的结合

一、MOOC 对高校教育教学的影响

（一）对教学的影响

1. 教学模式趋向多元化

在传统的教学场景中，教师是教学活动的核心引领者，他们通常在实体的教室空间内向学生们传授知识，这一过程侧重于理论层面的阐述与解析。学生们往往是在这样的课堂环境下首次接触新知识，但这种模式有时会不自觉地偏向理论阐述而相对忽视实践操作，或者过分强调知识积累而忽视了技能培养的重要性。由于教师占据了教学的主导地位，常采用较为传统的"灌输式"教学法，学生在此过程中的自主思考与探索机会较为有限，这对于培养学生的自学能力和及时获得学习反馈构成了挑战。相比之下，MOOC 以其高度的开放性，为教育领域带来了革命性的变化，不仅深刻影响了高校的教学模式，还催生了诸如翻转课堂（flipped classroom）、小规模私有在线课程（SPOC）及混合式教学模式（blending learning）等一系列创新的教学形式。

（1）翻转课堂

随着信息技术的飞速进步，我国高校教育正经历深刻变革。利用 MOOC 作为桥梁，促进互联网技术与教育资源的深度融合，已成为高等教育改革的重要议题。受此启发，我国教育界推出了"翻转课堂"这一创新教学模式，即学生在课外时间先自主学习新知识，随后在课堂上与教师深入交流问题、攻克难点，以深化理解。这种师生角色和学习流程的颠倒，对学习环境（家或学校）有明确要求，且实施方式迥异于传统，故得名

"翻转课堂"。

MOOC 平台支撑下的翻转课堂模式，与 MOOC 有共同的核心理念，即教师预先通过网络技术录制教学视频，让学生自主预习课程内容，奠定知识基础，随后在课堂上聚焦难点与重点进行深度探讨与互动，以此推动探究式学习实践。这一模式不仅体现了新型教育观念的深入贯彻，还确保了学生在学习过程中的主体地位，进而有效提升了其学习效能与效率。

我国学者在翻转课堂的基础上，结合 MOOC 资源，进一步细化了其教学模式设计，主要归纳为三大类别。一是纯粹的 MOOC 视频替代模式，二是"MOOC 视频＋自制视频"的混合模式，三是针对特定需求进行"二次开发"的定制化模式。通过对这三种模式各自优缺点的深入剖析，并展望其实际应用效果，我们不难发现，它们的共同目标在于优化教学质量，提升课程资源的有效利用率，同时减轻教师负担并降低成本。

翻转课堂作为对传统教学模式的有效补充，不仅彰显了对学生主体地位的充分尊重，还极大地激发了学生的自主学习潜能与创新思维。借助 MOOC 平台的桥梁作用，师生之间的即时沟通变得更加顺畅，进一步点燃了学生的学习热情与自我探索的欲望。因此，可以说，基于 MOOC 的翻转课堂模式正引领着教育领域的新风尚。

（2）小规模私有在线课程

MOOC 凭借其庞大的在线教育资源库和开放的免费学习平台，通过鼓励自主学习的方式，成功吸引了大量学习者与教育者的青睐，迅速在市场上普及开来。然而，随着其持续发展，一些固有的局限性也日益凸显，诸如学习者完成课程的比率不高、难以实施个性化的分层教学等。鉴于 MOOC 教学模式的这些不足，一种新的教学模式——小规模私有在线课程（SPOC）应运而生，它巧妙地将 MOOC 的丰富资源与传统课堂教学的精髓相融合。SPOC 不仅继承了 MOOC 利用网络资源便捷高效的特点，还保留了传统课堂在师生互动、即时反馈及分层教学上的优势。更重要的是，SPOC 面向的学生群体规模更小，这使得教学内容更加聚焦，教育过程更加个性化与层次化,从而有望实现教学质量的显著提升。

作为一种创新的混合教学模式,SPOC巧妙融合了传统课堂教学的深度与在线学习的广度。相较于MOOC,SPOC展现出更为精致与个性化的特点,它汲取了MOOC开放共享的精髓,同时有效弥补了传统课堂在灵活性与个性化教学上的不足。SPOC既强调教师在教学过程中的引导角色,又充分尊重学生的主体地位,将小规模、特定群体的互联网教学与线下面对面课堂教学无缝对接,旨在达成教学目标的最优化。该模式的核心教育哲学聚焦于"以学生为中心",倡导依据每位学生的独特需求与能力实施差异化教学。在这一框架下,传统教学模式被赋予了新的生命力:教师不仅是知识的传授者,更是学习活动的引导者与促进者;而学生则成为学习的主动探索者,他们在课前通过丰富的在线资源自主预习新知,课堂则转变为知识内化的互动舞台,通过小组讨论、任务协作及深入的面对面交流,共同构建知识体系,实现知识的深度理解与掌握。

小规模教学课堂独具不可替代的优势。闫丽指出,在MOOC这一全球性资源共享模式的推动下,教学模式实现了根本性的变革,它摒弃了过往"一刀切"的无差别教学法,转而追求个性化教育的理想境界。该模式旨在深入洞察每位学习者的独特差异,量身定制教学策略,确保因材施教得以真正落地,从而推动教学方式的科学化和精细化发展。其目标设定灵活多变,层次分明,紧密结合教学环境的实际状况及学生个体的能力差异,分阶段、有层次地设定学习目标,旨在显著提升学习完成率。这一过程强调MOOC课程与传统课堂教学的深度融合,通过线上资源的丰富性与线下互动的即时性相互补充,形成教学资源的优化配置。简而言之,两大教学体系、多元教学方法及广泛教学资源的有机整合,共同促成了教学效果的最优化。

相较于MOOC,SPOC教学模式则是对MOOC与实体课堂精髓的巧妙融合,它引领教育者重返实体课堂,同时兼顾学生的中心地位,创造出一种既具MOOC开放性与灵活性,又不失传统课堂深度与温度的教学新形态。

（3）混合式教学模式

随着信息技术的迅猛进步，教学环境经历了深刻的变革，传统面对面的课堂教学方式逐渐显现出对个性化学习需求支持不足的局限性。在此背景下，MOOC 作为一种依托互联网与信息技术的新型教学模式应运而生，它不仅弥补了传统教育的某些短板，还通过与高校教学的深度融合，催生了混合式教学模式的兴起，这一模式正逐步成为信息化教育领域的主流趋势。

混合式教学模式巧妙地融合了传统学习方法的稳固基础与网络化学习的灵活便捷，旨在最大限度地发挥教师在教学过程中的引导作用，并同时激发学生的主体性和自主学习能力。陶海柱针对"MOOC + SPOC"这一混合教学模式进行了深入探究，他详细剖析了 MOOC、SPOC 及实体课堂各自在混合教学模式中所扮演的角色与支持机制。他提出，为了更有效地促进学生知识的获取与深化，应当采用混合教学策略，将 MOOC 的丰富课程资源、SPOC 的定制化课程结构与实体课堂的实时互动进行深度整合，确保三者之间优势互补、相互促进，共同推动教育质量的持续提升。

另外，MOOC 作为大规模且开放性的在线课程平台，虽因其资源的多样性和学习方式的自主性广受欢迎，却也面临完成率偏低及个性化指导不足的挑战。相较之下，SPOC 这一小型化在线学习模式则巧妙地规避了 MOOC 的短板，通过强化在线与实体课堂间的紧密联系与互动，将多元的教学形式具体化并高效融合，充分利用各自的优点，实现了三者间的无缝协同，进而提升了整体教学效率，并在此过程中促进了教育者与学习者的全面发展。高校混合式教学策略巧妙地融合了两种或多种教学模式的精髓，不仅凸显了学生的中心地位，还极大地促进了学生自主学习能力的提升，对于教学质量的提升及学生综合素养的增强具有显著效果。

综上所述，在大数据时代背景下，对高校 MOOC 教学模式的深入创新研究，对于培养具备创新精神的复合型人才具有不可估量的价值。探索并实践MOOC的新教学模式，不仅能够优化教师的教学手段，还能有效提升学生的学习效率，最终推动高校MOOC教学迈向新的高度，实现教学效果的最大化。

2.教学理念兼具延伸与颠覆

教学理念是教学改革与发展的核心指导思想，它源自长期教育实践和教育理念的积累与总结。

（1）高校教学理念的变化

第一，在于颠覆知识界限，践行普惠教育之理念。MOOC以其革新之力，重塑了教育的社会功能，拆除了学校与知识之间的壁垒，颠覆了传统教育的封闭格局，为广大学子开启了一扇通往全球顶尖教育资源的窗户，使得知识不再是少数人的特权，而是面向所有渴望学习的心灵敞开怀抱。

第二，MOOC引领了终身教育理念的深刻转型与实践。以往，教育常被视为校园生活的专属，一旦走出校门，便意味着学习之旅的终结。如今，MOOC凭借互联网技术的强大支撑，构建起一座座无界的知识殿堂，无论身处何地，只要心怀求知的渴望，便能持续汲取知识的甘露，让终身学习不再是一句空话。此举不仅激发了学习者的学习热情，也为高校搭建了提升社会影响力的新桥梁，促进了教育社会效益的显著提升。在此过程中，MOOC作为一种新兴的教育传播媒介，正逐步重塑着高等教育的价值坐标。它不仅推动了教育资源的民主化分配，使得优质教育资源跨越地域、身份的限制，触手可及，更让每个社会成员都有机会沐浴高等教育的光辉，实现了教育公平与社会进步的双重目标。可以说，MOOC的教育理念如同一把钥匙，打开了通往知识的大门，让那些曾经遥不可及的知识瑰宝，能够照亮更多普通人的心灵，赋予了他们追求高等教育梦想的无限可能，对我国高校教育理念的革新产生了深远而积极的影响。

（2）教师教学理念的转变

赫尔巴特倡导的三大核心——以教师、教材、课堂为中心的理念，明确将教师置于引领地位。在我国悠久的教育传统中,"教师中心"的教学模式根深蒂固,教师的权威地位在传统课堂上极为稳固,几乎不可动摇。然而,这也促使部分教育者形成了权威心态,缺乏进一步探索与创新的动力。

第一,教学中心由教师转向学生。在 MOOC 环境下,教学方式、资源获取及学习模式的革新,促使教师更加关注学生的主体性、主动性与参与度,实现了从教师主导到学生中心的根本转变,这彻底革新了当代教学理念。教师需基于学生个体差异,探索并实践更科学、更受学生欢迎的教学方法,精准分析学生的学习状况,以提供定制化指导。MOOC 引领的教学变革,促使教育理念由"教师中心"向"学生中心"深刻转型,强调教师应围绕学生需求设计教学内容与服务,从资料收集到方法选择,乃至活动安排与实施,均需紧密贴合学生实际需求。

第二,教学对象的范围显著扩大。在传统教学中,教师主要面对的是课堂内的学生,而 MOOC 的兴起让教师们意识到,他们的教学可以跨越地域界限,触达全国乃至全球的学习者。MOOC 打破了地域和时间的限制,极大地拓宽了教育受众的范围。面对这一变化,教师不仅要继续重视每个学生的个性化需求,还需兼顾更广泛的大众教学需求。MOOC 平台倡导的合作学习与个性化教学,正引领教育改革向更加以学生为中心的方向发展。因此,教师必须明确学生在学习活动中的主体地位,摒弃传统观念,积极拥抱以学生为中心的现代教育理念,并适时调整自己的教学方法和观念,以适应 MOOC 带来的新挑战。

3. 教学资源的挑战与变革

若要深入探讨 MOOC 对高校教学资源所带来的挑战与革新,我们的首要任务是明确教学资源的广泛内涵。教学资源,简而言之,是支撑并促进教学活动顺利进行的各类要素的总和,它囊括了丰富的人力资源与多样的非人力资源。人力资源,涵盖了教师、助教团队、家长、学习小组、社会参与者及实践指导力量等多元角色,他们共同构成了教育活动的核心动

 高校教育教学改革与管理模式创新研究

力；而非人力资源，则是指各类教学工具与媒介，如黑板、教材、多媒体设备（投影仪、电视、计算机等）、数字化资源（电子教材、PPT、视频音频资料）及先进的教学与互动平台等，这些为教学活动提供了坚实的物质基础与技术支撑。基于上述界定，我们应从人力资源的优化配置与非人力资源的技术创新两个维度，来剖析 MOOC 模式下的教学资源特点。在人力资源层面，MOOC 汇聚了顶尖学府的知名教授、数十名乃至上百名专业敬业的助教，以及高效响应的平台咨询专家，他们共同构建起一个高水平的教学服务网络。而在非人力资源方面，MOOC 则展现了其独特的优势，包括高质量的视听材料、详尽的教学讲义、直观生动的 PPT 演示，以及用户友好的教学与社交平台，这些不仅提升了学习体验，还实现了对学生学习轨迹与习惯的精准记录，为后续教学内容的优化与调整提供了宝贵数据。这一切，无不彰显出 MOOC 教学资源的卓越品质，即名师授课、尖端设备、精细化平台设计，无一不体现出对教学质量的不懈追求。这种"优质"的广泛渗透，得益于其背后高效协作的教学团队与精细化的任务分工，通过将复杂问题细化处理，实现了教学难题的逐个击破。同理，在教学领域，当我们致力于每个环节的精益求精时，教学质量的飞跃便指日可待。

在传统的高校教育体系中，教学资源主要包括教材、PPT 演示文稿、传统教具（如粉笔、黑板）及多媒体计算机，辅以普通教师授课。部分条件优越的高校还会配备视频录制系统（如微格教室），用于课程录制，以便后续教学改进。然而，这些教学资源在内容的更新速度上可能存在滞后，甚至多年重复使用的情况。相比之下，MOOC 所展现的教学资源，在数量和质量上都远超传统模式，差距显著。

这种情况与高校的运行和管理机制紧密相关。由于高校的非人力资源主要依赖于国家有限的财政支持，因此，在硬件设备的升级和更新上往往面临诸多限制和挑战。至于人力资源方面，高校教师普遍承担着繁重的教学与科研双重任务，这往往使得他们在两者间难以平衡，容易感到分身

乏术。此外，高校教师之间的交流互动相对不足，而增强教师间的沟通与合作，是提升教学质量和效果的有效途径之一。

面对 MOOC 平台上丰富且高质量的教育资源对高校传统教学模式的冲击，我们亟须实施一系列适应性变革。首先，教师应积极接纳 MOOC 资源，以其为辅助工具优化自身教学。具体而言，教师可安排学生在课外时间通过 MOOC 平台预习课程视频、研读讲义等学习材料，而在课堂上则转变为更侧重于师生之间的互动讨论，鼓励学生积极发言，教师则适时反馈评价并分享见解，实现一种轻量级的翻转课堂模式。此举不仅能有效提升教学资源的品质，还能减轻教师的备课负担，同时增进师生之间的互动与理解。其次，高校应积极探索建立具备自身特色的 MOOC 课程团队。此举旨在根据本校师生的特定需求，量身定制教学内容，实现更加精准的教学服务。鉴于不同高校间学生基础与层次的差异，这种定制化教学显得尤为重要。然而，构建这样的 MOOC 平台往往需要较大的资金投入，为此，高校间可以开展合作，共同分担成本，不仅能解决资金难题，还能促进教学资源的跨校共享，实现互利共赢。

4. 教学评价主体多样化

MOOC 对高校传统教学构成的另一大挑战，体现在其教学评价体系的多元性和深度上。特别是在人文社科领域，MOOC 摒弃了简单的对错评判，转而采用综合评价体系。这种体系通常融合了平时作业、期末考试、课堂讨论、同伴互评及教师评价等多个维度。平时作业频繁且定时提交，部分作业还融入了讨论环节；期末考试形式多样，既有在线测试也有作品提交，如"文物精品与中国文化（上）"课程就要求学生制作 PPT 以展示个人了解的文物。在讨论与互评方面，如"翻转课堂教学法"课程，每章节后均设有讨论区，其成绩占比高达 20%，且要求每位学生至少参与 9 次同伴互评。课程结束后，教师会根据综合表现给出最终成绩，并颁发电子证书，全面展现了 MOOC 在评价方面的创新与细致。

MOOC 平台汇聚了大量学习者，其在线学习系统能够记录丰富的数据，包括学习者的登录习惯、讨论活跃度、视频观看时长、作业提交与考试成绩、学习路径等。运用学习分析技术深度挖掘这些数据，我们能够洞悉学习者的学习习惯、态度及在线行为模式，揭示学习规律，并精准定位教学与管理中的短板。这不仅为后续的教学优化提供了实证依据，还能指导我们制定更加个性、高效的教学策略与流程。更重要的是，这种基于数据的量化评估方式，显著增强了教学评价的客观性和公信力。

简而言之，MOOC 凸显了教学评价主体的多元化与形式的多样性，这是传统高校教学难以企及的。为此，传统高校需进行以下革新：一是增强课堂中学生互评的环节，并将其纳入总成绩，因为同学与教师视角下的评价各有千秋，此举有助于形成更全面的学生评价。二是若条件允许，可引入 MOOC 课程，利用平台数据跟踪学生学习动态，并通过数据分析技术精准评估教学成效与学生学习状态，从而提升评价精准度，为后续教学优化提供有力依据。

5.促进教学管理模式转变

教学管理是现代高校管理的核心内容，其效能直接关系到学校教学质量的高低。随着高校规模扩张与专业课程的丰富，教学活动日趋复杂，传统教学管理模式的局限性日益显现，特别是管理者在倡导新课程理念的同时，仍沿用旧管理模式，这引发了诸多管理难题。MOOC 模式的引入，如同一剂良药，能够有效解决高校教学管理和运行机制中长期存在的问题，为推动我国高等教育改革注入新的活力与希望。

（1）传统教师管理模式转变

在高校教学管理体系中，传统的垂直管理模式占据主导地位，教师往往需遵循教研组和学校的指令，这种严格的层级结构导致信息传递受阻，一线教学现场的问题难以迅速反馈至决策层，进而影响了教学效率，限制了教学适应性和创新思维的发展。此外，烦琐的管理层级、严格的职责界定及细致的职能分工，不仅削弱了教师的责任感与创造力，还抑制了教师的工作热情。然而，MOOC 教学模式的引入为这一困境带来了转机。

在 MOOC 环境下，一线教师在遇到教学难题时，可以便捷地与授课团队中的同行交流，甚至跨越校界，向其他高校的优秀教师团队求助，从而迅速获得解决方案。同时，优质的教学经验和方法也得以在更广泛的教师群体中传播分享。在 MOOC 课程设计的审核环节，教师与上级的沟通模式也发生了转变，由过去的单向信息传递转变为教研组对课程内容和教学方法的综合性评估，这种变化减少了层级间的烦琐沟通，增加了单次沟通的信息量，提高了沟通效率，为高校对教师的管理带来了更大的便利。

（2）改变"教"与"学"的关系

在传统课堂教学模式下，教师的核心职责聚焦于知识的传授，这往往导致他们倾向于"教"的层面，而对学生"学"与"习"的实践过程关注不足。这一倾向性问题具体体现在以下几个方面。第一，它倾向于强调对现有知识体系的记忆，而忽视了引导学生主动探索、构建新知的过程；第二，教学方式倾向于单向灌输，未能有效激发学生的自主学习兴趣和参与热情；第三，它过分追求教学流程的标准化与一致性，却忽略了对学生创新思维和个性发展的培养；第四，偏重于提升学生的认知能力，却对培养学生自主学习、合作学习的能力重视不够；第五，在教学评价上，传统模式过于依赖单一的考试分数，过分凸显其选拔功能，而缺乏对学生综合素质的全面、多元化评价。

在教育教学中，知识的传授与学习固然重要，但学生如何接收并内化这些知识，即"习"的过程，同样不可或缺。尽管教师的"教"与学生的"学"过程可监控，但学生自主整合新旧知识、构建新知体系的过程难以直接追踪量化。若教师传授的知识未被学生有效吸收转化，将导致教育资源低效利用。此外，学生内化不足也会影响考试评价，甚至削弱学习动力，形成负面循环。MOOC 模式则重新定义了"教"与"学"，削弱了教师在课堂中的主导角色。师生分离的 MOOC 模式凸显了"学"的自主性，学生可灵活利用暂停、回放等功能反复学习，直至真正掌握课程内容，从而提高学习效率，减少教学资源的无谓消耗。

（二）对学生的影响

1. 内外作用影响使用意愿

在线教育模式虽风靡一时，拥有广泛的用户基础，但其面临的挑战亦不容忽视，特别是用户学习完成率不高和辍学率偏高的现象。针对以高校学生为主体的MOOC学习者，深入了解其使用意愿显得尤为重要。提升学习者的持续参与度，激发其长期学习动力，对于保障MOOC的稳健发展，乃至其长远繁荣，具有决定性的意义。

（1）内部影响意愿

学习者的内在动力是学习效果的关键驱动力，它能激发成就感与持续学习的热情。

第一，MOOC的使用意愿深刻影响着学习者的心理状态。张长海等基于解构计划行为理论，通过问卷调查了地方高校已使用MOOC的学生，数据分析显示，态度对接受MOOC的意愿影响最为显著，同时，主观规范、知觉行为控制也与接受意愿正相关。这表明，MOOC的使用与学习者心理状态紧密相连。因此，推动学生从自发到自觉地接受MOOC，加强对学生利用MOOC进行学习的指导，对于提升学习效果至关重要。

第二，MOOC的使用意愿还会触动学习者的情感体验。李占奎等通过深入研究，识别出影响MOOC学习者满意度的四大核心要素，即需求感知、易用性感知、互动性感知及成本感知。简而言之，对于大多数高校学习者而言，这些要素主要关联于他们的学习需求是否得到满足、操作的便捷性、个人的时间与经济投入，以及与他人或学习内容的互动体验，这些因素共同作用于他们的情感反应。

（2）外部影响意愿

近年来，MOOC的迅猛发展伴随着一系列挑战（如参与度不足与高辍学率等问题凸显），如何借助外部策略激发学习者的学习动机已成为亟待解决的研究焦点。

第一，MOOC与游戏化元素的融合，成为影响学习者参与意愿的新路径。有研究者深入剖析了游戏化机制如何作用于 MOOC 用户的持续参与意愿，指出其核心在于通过融入游戏元素与规则，使学习过程更具趣味性，进而优化 MOOC 学习体验。这一创新方向正逐渐成为学术界与实践界共同关注的新兴议题，随着在线平台的蓬勃发展，旨在增强学习者参与度和持续意愿的游戏化策略受到日益推崇与推广实施。

第二，MOOC 平台自身的系统质量也是决定学习者学习意愿的关键因素。邓李君等的实证研究揭示了信息系统质量、服务质量、便捷性条件及社会环境因素，均对用户的感知有用性和易用性产生积极效应，进而驱动其使用意愿。鉴于外部环境的复杂多变性和多元不稳定性，这些外部因素对学习意愿的影响显得尤为复杂且难以预测。

2.成果认证更加多样化

目前，MOOC 学习成果的认证方式主要分为两大类：非学分制和学分制。非学分制包括课程证书、项目证书及学习者自我认证，尽管这种方式广泛开放，但因未直接关联大学内部的学分体系，其认可度存在争议。相比之下，学分制认证虽基于学分管理等严格标准，但其发展同样受限于多种因素。部分学者主张，学分制向所有学习者敞开大门，只要通过相应考核，即可获得认证证书。

（1）非学分认证

第一，课程证书认证。目前，多数 MOOC 平台采用自授证书的方式，学生完成课程后可获得专属的纸质或电子证书，其上标注学习证明、成绩、课程概要，乃至教师签名和平台标识。此举不仅彰显了对学生学习成效的认可，还激发了他们的学习热情和动力。这种认证的多重价值体现在：一是激励学生，让证书成为他们学习动力的源泉；二是赋予教师成就感，清晰的教学目标和大纲让教师在颁发证书时倍感满足；三是为雇主提供人才评估依据，证书是能力与学习成果的客观证明。然而，鉴于 MOOC 认证的权威性和普及度尚有限，它更多被视为一种学习成就的记录和心理上的鼓励。

第二，自我认证。自我认证即学习者自行评估并确认自己的学习成果。这主要出现在两种情境：一是 MOOC 课程不提供外部成果认证，二是学习者出于个人目的进行自学。部分 cMOOC 鼓励学习者基于自己的学习目标和预期，自主评价学习所得，而非追求分数或外部评价。自我认证的学习成果通常体现为作业、学习笔记等学习过程中的产物。鉴于大多数 MOOC 学习者难以完成全部课程，自我认证便成了一种普遍且实际的选择。

第三，项目证书认证。这些证书可视为微型文凭或微学位，它们在功能上与课程证书相似，但具有更深层的教育和社会价值。项目证书能够激励学生学习，评估其学习成果及各项技能水平。微学位项目作为 MOOC 微专业课程的一种，由 4~6 门相关联的 MOOC 组成，预计学习周期为 6 个月左右。与单一课程相比，微学位项目提供了更系统的学习路径，让学生在特定领域内获得全面的知识。完成学习并通过测试后，学生还有机会申请对应高校的正式学位并转换学分，学位作为能力的直接体现，使得项目证书的价值超越了一般课程证书。它不仅证明了学习者经受过的教育与学术训练，还是社会筛选人才的重要依据。项目证书同样也是个人能力与资质的社会公认证明。

第四，微专业认证。微专业认证，又称专项课程，是 MOOC 平台在单门课程认证基础上推出的系列课程项目。完成一个微专业课程后，学习者将对该专业领域有全面理解并掌握相关技能，从而获得平台颁发的专业证书，有效助力其提升职场竞争力。

综上所述，对于学习者而言，无论是否涉及学分，学习成果的认证都是至关重要的。

（2）学分认证

当前，学分认证主要面向高校学生，依托区域高校联盟进行。MOOC 平台虽已提供了接受高质量教育的机会，但随着参与人数的激增，如何确保学习者的学习成果能获得社会及教育机构的广泛认可，特别是学分认证，成为 MOOC 未来发展亟须攻克的核心难题。

第一，学分认证模式。在探讨 MOOC 学分认证的框架下，樊文强通过翔实的资料搜集与案例分析，提炼出了多种认证模式，这些模式丰富了在线学习成果的认可途径。一是中介组织推荐模式，尽管这类机构仅能提出学分建议，最终决定权仍旧掌握在大学手中，但中介的积极推荐无疑为 MOOC 学习者的学分认证开辟了一条辅助路径。二是先前学习评价模式，即便学习者持有 MOOC 的完课证书，也必须通过大学设定的额外考核，才能证明其知识掌握程度，进而获得学分。三是"挑战考试"模式，在此模式下，部分高校允许学生通过参加内部组织的挑战考试，证明其已具备相应课程的知识，从而无须修读该课程即可取得学分。四是监考考试模式，该模式规定，若学生欲将 MOOC 学习转化为学分，须完成有监考的在线考试，确保成绩的真实性与可靠性。五是混合教学模式的出现，不仅充分利用了 MOOC 资源，还保障了在线学习的质量，使学生能够在结合线上与线下学习的过程中获得学分，此模式既适用于全校层面，也适合教师个人开展（如混合式或翻转课堂等）。六是对于本校学生而言，增设现场考试或面对面交流环节，使他们更有可能通过 MOOC 学习达成学分要求。七是"诱饵"模式，这是一种创新策略，它先提供免费的 MOOC 学习体验，再以学分作为吸引点，鼓励学习者进一步参与完整的在线教育项目。上述多元化的学分认证机制，旨在正式承认学习者在入学前后参与 MOOC 学习所取得的成绩，使其符合特定大学专业或课程的学分标准，从而构建起线上线下学习成果有效衔接与转化的桥梁。

第二，学分认定形式。当前，我国 MOOC 学分认定的主要形式被学者们归纳为几大类。首先，是大学内部自主进行的校内学分认定，这类学分直接授予本校学生；其次，是高校间通过联盟形式建立的校际学分互认机制；再次，是教育行政部门主导下的区域高校学分互认体系；最后，还有开放大学运营的学分银行模式。从这些形式中可以看出，学分的最终授予权大多掌握在学校或第三方机构手中。

尽管学分认证被视为一种理想化的模式，但其在实际应用中的推广仍面临诸多挑战，目前仍处于初步发展阶段。然而，无论未来开放程度如何，确保对MOOC学习成果的最终认定，是构建完整教育生态链的关键一环。此外，有观点认为，只有当MOOC学习获得正式认证并伴随学分的授予，才能逐步将其纳入正规教育的轨道。因此，要实现MOOC成果认证的长远发展，仍需克服重重困难，道路既漫长又充满挑战。

（三）对教师发展的影响

MOOC的兴起与普及深刻影响了教师群体，为他们的未来发展设立了新的标杆与期待。以下探讨了在MOOC背景下，教师角色所经历的转变，并深入分析了适应MOOC时代所需的教师应具备的素质和能力。

1. 教师角色面临多种挑战

（1）传统角色的转变

在我国悠久的教育传统中，教师长期扮演着"传道、授业、解惑"的核心角色，这种根深蒂固的身份认知指引着教育活动的展开，教师在课堂这一舞台上，不仅是主导者，更是知识的灯塔与权威的象征，直接面向学生传授智慧。然而，随着MOOC的兴起，教师的角色与定位发生了显著而深刻的变革。首先，教师实现了从传统教育者到"在线主播"的华丽转身。这一转变要求教师不仅要适应新的授课形式——录制短小精悍、内容精练的视频课程，还要面对录制视频时缺乏即时互动与情感交流的挑战。在这样的环境下，教师可能需要更大的努力来激发自己的教学热情，因为镜头前的孤独与静默往往难以与面对学生时的生动交流相提并论。同时，缺乏传统课堂的互动氛围，教师的课堂表现力与感染力可能受到影响，这对教师的专业素养与适应能力提出了更高要求。其次，MOOC模式也带来了教师传统角色的淡化与重塑。一方面，教师的权威地位遭遇了前所未有的挑战。在传统教学中，教师作为知识的唯一或主要来源，享有极高的权威。但在MOOC时代，信息技术的高速发展让知识获取变得多元化、便捷化，学生不再仅仅依赖教师作为知识的传递者，这在一定程度上削弱了教师的权威角色。教师的职责更多转向引导学生思考、解答疑惑，而非单纯的知识灌输。另一方面，教师作为"传道者"与道德模范的传统角色也面临着转变。虽然其在学生成长道路上的指引作用依然重要，但师生关系的平等化趋势日益明显，教师需更加注重与学生的沟通与理解，与学生共同探索知识的海洋。综上所述，MOOC不仅改变了知识的传播方式，更对教师角色提出了全新的要求与挑战。

（2）多元身份的转化

身份的多元性体现在两个层面。首先，从教师个体的主观视角出发，教师自身扮演了多重角色；其次，在教学实践中，教师的工作已从单打独斗转变为团队协作，这意味着教师在团队中同时承载了多样化的身份。

第一，个体角色的多元性。详细而言，角色的多样性在以下方面得以体现：在传统教学环境中，一旦课堂落幕，教师往往因缺乏重播机制而难以再次审视并优化教学效果。然而，在MOOC背景下，教师们能够反复观看自己的教学视频，这种跨越身份界限的体验——以学习者或旁观者的视角进行自我审视，使得他们能从更客观的角度来评估和提升教学质量。此外，在MOOC平台，教师的角色更加丰富多彩，他们不仅是知识的生产者、学科领域的专家，还兼任着监管与研究的职责，这一转变要求教师从单纯的教学执行者向全面的教学规划与设计者迈进。例如，在相关访谈调研中，超过半数的教师提及自己在MOOC教学中所承担的角色时，频繁使用了"设计师""创作者""策划人"等词汇，这反映了他们在教学活动中更深层次的参与和构思。同时，也有教师强调了自己作为"导航者"和"服务者"的角色，致力于引导学生学习并提供支持。尤为生动的是，有受访者将MOOC课程比作一艘航船，而自己则是引领航向的"船长"，这一比喻形象地展现了教师在MOOC教学中的核心领导地位与多重职责。这种角色多样性的背后，实质上是教师对自我身份认知的一种深化与价值的多元化体现。

第二，个体活动的多元性。在团队活动方面，传统教学往往是教师的"独角戏"，教师独自主导课堂。然而，在MOOC环境下，教学活动转变为团队协作，教师角色也从传统的知识传授者转变为团队的组织者与协调者，这与传统模式截然不同。此外，MOOC课程的筹备过程复杂，涉及丰富课程资源的准备，以及摄像、视频编辑等专业技术团队的紧密合作。在此过程中，教师更多地扮演着协调者的角色，确保各个环节的顺畅进行。

2. 教师个人综合素养得到多方位提升

确立清晰的教学目标，以学生实际需求为出发点，深入理解教学内容与教学方法，并致力于促进学生全面发展，这是当前提升教师综合素质的明确方向和要求。

（1）专业知识素养的更新与提升

苏霍姆林斯基指出，教师需具备远超学生的知识广度，方能成为技艺精湛的教育者。为此，教师不仅需扎实掌握学科基础知识，构建全面的知识体系，还需紧跟学术前沿，洞悉学科最新动态与观点，保持信息的时代性，如此方能胜任学科引领者的角色，引领学生共同进步。

第一，教师应夯实专业知识并紧跟未来科学学术的脉搏。在传统教学中，深厚的专业知识是基石；而今在MOOC时代，教师还需洞悉学科前沿动态，预见未来发展，确保教学内容的前沿性。这关乎"教什么"的问题，而随之而来的便是"如何教"的考量。为此，教师需补充教育理论知识，掌握MOOC环境下的新教学法。

第二，借鉴MOOC名师的经验是提升自我知识素养的有效途径。通过观看并学习名师的MOOC课程，教师可以吸收其精华，将其融入自己的教学之中，从而在实践中丰富和更新自己的专业知识。然而，许多教师往往局限于既有知识，却忽视了前沿内容的融入，这是值得反思与改进的。

（2）信息化素养提升

在当今时代背景下，教师要出色地履行教育职责，不仅需精通学科基础，还需强化科学素养，并紧跟互联网时代的步伐，提升技术素养。鉴于MOOC教学高度依赖网络和硬件技术，教师还须具备良好的信息素养，这包括敏锐的信息意识、熟练的信息工具运用能力、高效的信息应用技能及创新能力，以在数字环境中有效获取、处理并创造信息。

第一，主动融入信息化潮流，成为时代的"新居民"。MOOC平台的普及，实则为教师群体增添了新的挑战，迫切要求教师增强信息技术与教育融合的素养。鉴于目前互联网信息已全面渗透至社会各领域，且学生自幼便置身于信息海洋，展现出强烈的探索欲、尝试精神和较高的信息接纳度。在此背景下，教师相比学生，更需迫切提升自我，以便能够深刻剖析并批判性审视多元观点，汲取广泛的知识与见解，进而在数字教育时代中扮演智慧引领者的角色。

第二，教师应敢于跨越认知界限，积极吸纳信息时代的新知识。MOOC的兴起要求教师不仅要深化信息技术应用，还需打破既有知识体系，掌握视频录制与编辑、学习平台管理等技能。这些技能有助于教师精准把握学生学习动态，高效批改作业。鉴于学生多依赖电子设备参与网络学习，教学环境已转向虚拟网络空间，师生互动也主要通过网络进行。因此，高校教师若不熟悉科技工具与移动终端的使用，将难以在MOOC时代立足与发展。

值得关注的是，美国大学与研究图书馆协会对信息素养赋予了新定义，将其拓展至数据素养、媒体素养及视觉素养等专业领域，这一界定侧重于素质层面，凸显了个人跨越多种资源、载体与领域获取知识的能力。随着技术与知识传播媒介的持续革新，信息素养的内涵日益丰富多元，对教师而言，亦随之面临更多挑战与要求。

二、高校参与MOOC教学模式的动因

全球高校，尤其是顶尖学府，对于推动MOOC的发展起着至关重要的作用。这些高校积极参与MOOC的建设与推广，背后驱动因素多种多样。

（一）共享优质教育资源，促进教育公平

国际层面，教育资源分配存在显著差距，欧美发达国家富集优质资

源，而发展中国家则资源匮乏，加剧了国际发展的不均衡；国内层面，教育资源的地域分布亦不均衡。随着开放教育资源运动影响力的日益增强，人们对高质量教育资源的渴望日益增加。作为知识创造与传播的核心力量，高校承担着服务社会的使命，应当积极促进教育公平，展现其深厚的社会责任感。

（二）扩展生源，建立校园品牌

高校借助 MOOC 发展，不仅树立了独特的品牌形象，吸引了优秀教师与学生，还拓宽了与投资者、同行及校友的合作渠道，从而在全球 MOOC 领域占据领先地位，引领其发展潮流。此举不仅成功渗透并占领了非传统高等教育市场，还显著提升了高校的国际知名度和影响力。部分高校与运营机构携手成立的 MOOC 联盟，通过提供在线课程与学分认可，正逐步占有传统高校的市场份额。此背景下，MOOC 不仅增强了授课教师的社会影响力，也极大提升了学校在国内外的声誉和教育品质，形成了教育资源再分配的"马太效应"，可能加速教学质量不佳高校的边缘化。面对学生海外求学热潮，我国顶尖高校迅速响应，积极投身 MOOC 建设，旨在增强竞争力，确保在高等教育格局重构中占据有利位置。归根结底，吸引更多学生、塑造鲜明校园品牌，是高校推动 MOOC 建设与推广的核心驱动力。

（三）降低教育成本

我国高校经费多依赖于政府财政拨款，但财政投入有限且教育成本持续上涨，这对教育质量构成挑战，阻碍了高等教育的良性发展。MOOC 凭借其大规模覆盖与低成本运营的优势，能有效减轻教师重复性劳动负担，降低教育运营成本。因此，降低高等教育成本是推动 MOOC 发展的关键因素之一。

（四）改革教学模式

当前，"粉笔＋黑板"的传统灌输式教学仍占据课堂主导，教育技术仅作为辅助手段。为打破这一现状，高校亟须通过建设 MOOC，深度融合信息技术与教学，推动课堂向以学生为中心的模式转变，从而提升教学质量，深化教育改革。同时，MOOC平台还能收集学习数据，深入分析学习者的行为与表现，助力改革课堂模式，创新人才培养模式，最终实现教学与人才培养质量的双重提升。

三、MOOC与高校教育的融合模式

长期以来，我国高校传统教学面临资源不均、机制不健全、方法落后等难题。MOOC的出现为教改带来了曙光，它倡导将MOOC的开放理念融入高校教育，引入全球顶尖教学资源，缓解资源匮乏问题。通过"线上MOOC＋线下课堂与实践"的模式，拓宽学生知识获取途径，提升教学效率与质量。此融合策略不仅改进了传统教学方法，激发了教育主体的活力，还解决了因时空限制导致的学习质量难题。两者相辅相成，共同推动我国高校教育与MOOC的良性互动与持续发展。

（一）MOOC与高校教育教学的结合方式

MOOC与我国高等教育体系的融合，并非仅仅将其作为一种多媒体丰富的教学手段或教学技术辅助工具简单嵌入传统教学中。这种新型教育模式（简称"融合模式"）是MOOC与传统高校教育在时间安排、教学场景、媒介应用及资源共享等多个维度上的深度交融。它涵盖了将MOOC的信息技术应用、教学组织方式、资源建设与共享机制、多元化教学方法、实时教学反馈及质量监控体系等要素，与传统高校课堂教学进行无缝对接。此"融合模式"并非简单地将两者的固有特性进行置换，而是旨在将MOOC的设计理念、教学哲学融入高等教育的核心，同时利用MOOC的独特优势来增强和提升传统教育的效能。从时间的视角来看，MOOC的教学理念能够贯穿于高等教育从课程设计到质量评估的每一个教学环节，形成持续性的影响力。从学习媒介的角度来看，MOOC与课堂教学各有其适用的课程领域和教学优势。然而，如何科学规划两者的教学时间分配，如何高效整合教学内容，以确保MOOC能够成为课堂教学的有力补充，仍

是一个值得深入探究和优化的课题。

当前，高校教育仍以班级授课为主，如何在有限课时内确保学生掌握知识，并有效利用MOOC成为"融合模式"面临的关键挑战。教育涉及的知识类型主要包括事实、概念和技巧三类。在"融合模式"下，教师可将易于单向传授的"事实"和需通过多次实例启发理解的"概念"通过MOOC形式提供给学生，让他们先行自学构建知识框架。随后，在课堂上，教师引导学生通过实践操作和反复训练掌握"技巧"，促进学生对知识的深入理解和内化。简而言之，"融合模式"旨在将教育中的标准化、可批量处理内容转移到低成本、个性化的MOOC平台上，辅助课堂教学，以减轻传统教育模式对高校、教师及学生的负担。

（二）融合模式下的教育反馈

融合MOOC与高等教育的传统教学范式，将开创一种兼顾实体课堂实践性和严谨性，以及MOOC多媒体丰富性、开放共享精神、互动吸引力与便利学习体验的全新教育形态。在MOOC的教学与学习过程中，强化了师生之间的沟通纽带，无论是课程架构的搭建还是教学活动的展开，都把学生的意见和双方的互动视为核心要素。当MOOC与高校教育联袂登场，它们将在开放互动和教学反馈机制上进行大胆探索，这一"融合模式"特别强调反馈机制的关键角色。具体而言，借由学生与教师之间的频繁对话，学生在学习旅程中产生的疑问和洞见能够及时传达给教师，促成有效的反馈循环。这种覆盖不同学习阶段的反馈机制，不仅影响着教师授课的方式，而且贯穿于课程规划和教学质量评估的全过程。

学习者向教师反馈学习过程中遭遇的困惑点及个人的学习心得，这一过程使教师能够洞察其教学策略的实际成效，进而审视和优化自身的教学质量和效率。有效的学生反馈不仅为教师提供了调整教学策略的宝贵视角，还促使授课教师深化课程内容、革新教学方式、调控教学节奏。学生在教材学习中发现的问题，为课程设计者提供了宝贵的数据，帮助他们优化课程架构、充实教学内容、修正潜在的偏误。通过汇集来自不同学术水平学生的反馈，设计者能识别出教材中不易掌握或常被忽略的部分，以及学生理解上可能出现偏差的章节。站在学生立场上的重新审视，使课程设计者得以优化课程布局，满足高校追求高质量教育资源的需求，同时培育独特的校园文化。学生对课后作业完成情况和测试结果的反馈，为教师提供了一个动态监测学生学习进展的窗口。这种反馈机制不仅使教师能够及时掌握学生的学习状态，还为其提供了一个全面评估教学质量的平台。将学生的实际作业表现和测试成绩与他们的反馈相结合，教师能够精准定位学生的学习需求，实施针对性的辅导和答疑，从而有效支持学生的学习进程。

融合MOOC与高等教育的新型教学模式，既汲取了传统课堂与MOOC的精华，又超越了它们原有的界限。这一融合打破了传统课堂中教育反馈滞后于教学进程的局限，通过将反馈机制融入课程开发的每一环节，实现了师生互动的全程覆盖。无论是课程筹备初期的调研、试讲、大纲讲解，还是教学过程中的即时测验、实验操作、作业提交、单元检测、模拟实践等，都赋予了教育反馈以核心地位。在"融合模式"中，学生反馈的机制与MOOC平台的做法相呼应，但"融合模式"又超越了MOOC的局限，补充了在线学习反馈中实践操作、情感连接与制度约束的缺失，从而兼备了MOOC的灵活性与传统课堂的深度，形成了优势互补的教育反馈体系。总体而言，精心设计且高效的反馈机制不仅能够激发学生的学习潜能，满足其个性化成长的需要，同时还能促进教师教学方法的创新与教学技能的提升。更进一步，学生与教师之间的互动反馈，如同纽带一般，不断加深彼此的理解与信任，有利于构建高校师生之间和谐融洽的关系。在"融合模式"下，教育反馈的效能被放大，它不仅成为教学改进的动力，更是维系良好师生关系的桥梁。

（三）融合模式下的教学主体

1. 教师专业化素养

鉴于MOOC固有的师生分离特性，主讲教师必须与课程设计者、助教等构成的教师团队紧密协作，共同致力于课程框架的构建与教学流程的策划。一旦学习者报名并选定课程，教师团队还需提供适当的学习辅助服务，确保学习体验的顺畅。MOOC 的成功运营不仅依赖于经验丰富、技艺娴熟的主讲教师，还需教学团队的全方位配合，包括课程的组织、监管和管理等。一支实力雄厚的教师团队对 MOOC 至关重要，原因在于面对来自不同教育背景、具备各种学习能力的学生群体，不可避免地会出现理解差异和进度不一致的现象。这无疑对主讲教师的教学节奏把握和课堂驾驭能力提出了更高要求。与此类似，传统高校课堂中，一门课程通常由单个教师独自承担教学与组织任务。然而，近年来高校招生规模的扩大，无疑加重了教师在课程准备和课堂教学上的负担与压力。

随着 MOOC 与高校教育深度融合的"融合模式"日益成熟，高校教育迎来了教学模式的革新。在这一模式下，教师们通过组建跨学科、跨地域的专门课程团队，实现了教学过程的精细化分工与高效协作。团队内部，成员各司其职，分别负责课程内容精选、教学活动策划、教学管理优化等关键环节，这种分工不仅打破了传统教学中教师单打独斗的局面，更促进了知识与灵感的跨界交流。首先，从宏观层面审视，"融合模式"促使教学主体从单一教师向教师团队协作转变，这一转变超越了地理与文化的界限，让来自五湖四海的教师能够共享智慧，激发创新火花。相比以往，教师不再需要独自承担从备课到批改作业的繁重任务，而是能够将教学设计、学生管理、质量评估及个性化服务等环节进行专业剥离，交由专项团队精准对接。这一"外包"策略极大地减轻了教师的非教学负担，使他们能够更专注于教学研究与课堂实践，提升了整体教学质量与效率。其次，从微观的教学设计与实施层面来看，"融合模式"促使教学内容与方式实现了深度细化与专业化。庞大的教师团队被划分为多个专业小组，每个小组聚焦于特定教学模块的设计与讲授，这种模块化教学不仅深化了教师的专业理解，也促进了教学技能的提升。对于学生而言，这一变化意味着他们可以根据自身学习需求，直接向负责相应学习阶段的教师寻求解答，这种即时的、针对性的反馈机制，不仅拓宽了师生沟通的渠道，也显著提升了问题解决的效率与学生的学习满意度。

此外,"融合模式"的推行还深刻改变了高校教师的角色定位。在互联网普及的今天,知识获取渠道多元且便捷,学生已习惯自主利用网络搜寻所需信息,教师不再是知识传递的唯一桥梁。学生根据个人兴趣和发展需求主动探索知识成为趋势,高校教师应顺应此趋势,无论是课程设计者还是授课者,都应以学生为中心,围绕学生个性需求设计教学路径。这要求教师从传统的"填鸭式"教学转向引导学生自主学习,并提供必要的支持与指导,从而完成从课堂掌控者到学生学习伙伴与引导者的角色转变。

2. 学生学习能力

第一,学习方式的转变。MOOC模式的实施前提是学生需具备一定的自主学习和自我管理能力,这对学生的自主性和自控力提出了相应的要求。在传统高校教学环境中,学习内容、方法及评估体系均由教师设定,学生需紧跟教学大纲与教师的步伐来获取知识,并需在课后自行巩固与内化所学。然而,传统模式难以确保学生在课堂全程保持高度专注,也难以衡量学生对讲授内容的实际吸收情况,更无法监控学生课后的知识内化过程。显然,这一模式下学生并非学习的主体,而是处于被动接受知识的状态,长此以往,学生的自主学习能力、自我管理能力等关键能力可能逐渐衰退。

"融合模式"的兴起,正引领着我国高校学生学习方式的积极变革。与传统模式截然不同,它高度重视学生个性化发展及自主学习能力的提升。随着越来越多学生投身于MOOC学习之中,他们正逐渐适应并喜爱上这种灵活多样的个性化学习方式。在MOOC学习过程中,学生成为学习的主导者,他们通过自主学习,摆脱了传统被动接受知识的状态,转而以满腔热情主动探索知识,极大地提升了学习参与度。这一转变促使学生从被动接受转为主动参与,逐步觉醒个性发展意识,学会根据自身需求寻找学习资源,明确个人定位,认识自我优势与不足,进而实现个性化成长的自我优化。如此,不仅促进了学生个人的全面发展,也为高校培养多元

化、高层次的复合型人才奠定了坚实基础。

第二，学习经验共享。"融合模式"对高校学生的深远影响，不仅限于重塑其学习方式，更在于它借助 MOOC 平台促进了学生间知识共享的新风尚。在传统教学模式下，学生课堂上接收知识，课后独立复习，过程中常遇难题（如理解障碍、难点攻克等），解决途径有限，且缺乏系统分享机制，导致课后学习动力不足，复习效果参差不齐。而 MOOC 则为学生搭建了一个互动社区，鼓励学生主动或应邀参与课后交流，他们在这里提问、求助、分享心得、交流见解。这种积极的交流互动，不仅让学生在讨论中反复回顾课堂知识，还能从同伴的经验与见解中汲取新知，形成了一种良性循环的学习分享模式。这种模式不仅革新了课后学习的面貌，使知识共享成为学生间自然而然的行为，还显著提升了学习效率，促进了学生之间的学习互助与共同进步。

（四）融合模式下的教学管理

1. 教学计划与教学组织

MOOC 的兴起，深刻重塑了教育领域内"教"与"学"的角色定位，推动了教育模式从教师中心向学生中心的转变。这一变革进而触发了教学组织结构和课程展现形式的革新，现代高校课堂日益聚焦于学生问题的探讨与解决，而非单纯的知识灌输。这种变化不可避免地波及高校的教学管理体系，促使其进行适应性重构，以实现教育管理模式的现代化转型。具体而言，这种影响主要体现在教学计划的灵活调整与教学组织形式的创新优化两大方面。

第一，教学计划管理。随着高校招生规模的不断扩大，毕业生群体逐渐从精英阶层融入大众，教育普及化的同时，也带来了受众的多元化与个性化需求。面对这一转变，高校教学计划管理的革新势在必行。传统自上而下的教学设计模式，已难以满足当前学生群体的多样化学习诉求。因此，高校在制定培养方案时，应更加注重教育的内在价值，而非单纯追求教学结构的合理性。"融合模式"应运而生，它巧妙融合了自上而下（课程设计团队深入调研、集思广益制定教学计划）与自下而上（将学生的学习需求、习惯等反馈纳入考量）的双向策略，并通过"免费课程＋增值认证"的模式，进一步提升了教育的附加值。与MOOC的单一教学计划设定不同，"融合模式"下的高校教学更加灵活多变。它首先确保各学院、专业对教学内容的基本需求得到满足，通过统一管理设置核心必修课程。同时，该模式也敏锐地捕捉到了学生对跨学科知识的渴望，通过灵活的教学设计，打破了专业界限，为学生提供了丰富多样的课程选择。这种开放的教学体系，不仅满足了学生的个性化学习需求，还促进了知识的交叉融合，为学生搭建了一个自助化、个性化的学习平台。此外，为了确保学习成果的有效认证，高校还需建立完善的课程认证机制，确保学生在完成多样化的课程组合后，能够得到应有的认可与肯定。

第二，教学组织管理。当前，随着高校招生规模持续扩大，学生群体的多样性显著增强，不同学生间的知识基础和学习能力差异明显，导致传统课堂教学在知识传授上的效果参差不齐，教学组织方式面临深刻变革的需求。MOOC以其独特的师生分离特性，开创了翻转课堂的新模式，即学生先自主预习课程内容，随后再与教师及同学进行深入的互动讨论，这种异步教学模式为"融合模式"的教学组织提供了宝贵启示。它不仅提升了学生在教学过程中的活跃度，还加深了学生对知识的理解和记忆。尤为关键的是，学生学习流程的前置，促使师生角色趋于平等，学生自主学习的价值日益凸显，学生从单纯依赖教师的讲授转变为更加重视思维能力的提升和学习方法的掌握。这一转变推动了学生学习方式的根本性变革，学生从被动的知识接受者转变为有目标的主动学习者，有效提升了学生的自主学习能力，为整个学生群体学习能力的持续提升奠定了坚实基础。

2. 学生支持服务

在优化学生支持服务领域，国内高校应当积极汲取MOOC平台的宝贵经验。相较于传统高校环境下的学生，MOOC学习者在求学路上遭遇的挑战更为多样且复杂（如沟通障碍、技术难题、学习习惯与课程内容不匹配、学习时间不稳定等）。尤为关键的是，MOOC的师生远程互动特性，使得即便课程材料再精良，也无法确保每位学习者都能顺利达成学业目标。因此，MOOC平台需倾注更多心力与资源，密切关注学习者的学习动态与个性化需求，这对支持服务的质量提出了极高的要求。鉴于MOOC的广泛开放性和学习者数量的庞大，满足每一位学习者的具体需求显然不切实际。在这样一个多元化的群体中，学习者的背景、需求与能力千差万别，即便是借助先进的信息技术，也难以实现对每位学习者的个性化关怀。为此，MOOC平台在持续优化课程内容、教学模式与组织架构的同时，也致力于通过提升支持服务的品质来达成人才培养的愿景。这里所说的学生支持服务，是专为那些遭遇突发状况或特殊困难的个别学习者设计的支持体系，它与学生管理不同，后者更多关注整个学生群体的管理与服务，而学生支持则聚焦于个体，解决那些虽不普遍但对学生至关重要的问题，因为这些问题往往成为阻碍学习者完成课程甚至放弃整个学习旅程的关键因素。

针对国内高校的学生支持现状，"融合模式"可以汲取MOOC平台在支持服务方面的成功经验，此举有望显著提升我国高校学生支持服务的整体水平，带来积极变化。

①政策信息方面。过去，国内高校由于专业设置繁多，且每个专业内部又存在多级行政管理结构，导致政策信息的传递过程复杂而冗长。信息从高校顶层发布后，需层层下达到各学院，再由学院细分至各专业、各年级，最终传达给学生，这一过程极大地延缓了信息传递的速度，从而影响了政策执行的有效性。然而，随着高校信息化步伐的加快和数字政务信息平台的构建，政策信息的传递方式正经历着深刻变革，朝着更加迅速、公开、透明的方向发展。部分高校已率先探索，借鉴MOOC平台的信息服务模式，不仅在校内信息平台上公示重要信息，还创新性地利用校内信息终端，直接将信息推送至学生的个人邮箱或在线平台，极大地缩短了信息传递路径，提升了效率。

②教学信息方面。传统高校教学模式中,教师通常采用连续的面授方式传授知识,但课程结束后,师生之间的交流往往变得有限,这导致一些学生仅依据课堂上教师口头提及的预习建议进行课后准备。然而,在缺乏明确预习重点指导的情况下,学生的预习往往不够深入,仅仅通过泛读教材难以在后续的课堂学习中与教师讲授内容产生有效共鸣。为了改善这一状况,高校教学信息化平台应运而生,它使学生能够通过查阅教师的教学计划,清晰掌握教学进度和重点,从而进行更有针对性的预习与复习。这种方式不仅提升了学生的学习参与度,还促进了他们自主学习能力的培养。

③促进人员服务水平提高方面。在MOOC学生支持体系中,辅导教师和咨询人员是不可或缺的关键角色,确保每位学生都能便捷地获得所需的支持至关重要。传统上,高校学生支持团队的主要职责是服务于广大学生,并维持学校各部门的有效运作。但实践中发现,这些支持服务往往将辅导与咨询功能混杂,缺乏明确的界限划分。高校普遍采用灵活的人员配置方式(如聘请兼职咨询师、学生顾问或教师兼任支持工作),以适应需求。然而,由于高校行政体系的复杂性和管理层级的多样性,学生支持人员常常面临繁重的工作负担和专业能力不足的挑战,这直接导致了支持服务部门效率低下。许多学生急需解决的问题得不到及时有效的回应,这种情况逐渐削弱了学生对高校支持系统的信任与热情,影响了他们的求助意愿。

MOOC支持服务相较于传统高校,重点在于辅导咨询与技能实践的组织支持。在MOOC平台上,学生支持人员是连接学习者、教师及管理者的纽带。他们倾听学习者疑问,协调反馈机制,联系教师或专家解答,确保学习需求得到满足,进而激发学习者主动寻求帮助的意愿。

简而言之,高校学生支持服务可依托校园网络平台,实现半自助服务,支持人员通过链接、转接等方式协助学生联系相关部门。高校应设立咨询与辅导专区,配备专职人员,并构建交流平台,鼓励学生反馈意见、互助学习,以此减轻人工服务负担,提升支持服务效率。

第三节　高校教育教学中 MOOC 模式的应用

一、MOOC 教学

信息技术作为科技发展的一个重要分支，是推动 MOOC 兴起的关键因素，这一新兴教育模式进而触发了教育领域的一场深刻变革。MOOC 不仅保留了传统课堂教学的精髓，更在此基础上孕育了一系列创新与发展，其实践探索为课堂教育的革新之路铺设了宝贵的基石，提供了丰富的经验与启示。

（一）教学环境信息化

科技的进步是 MOOC 诞生的先决条件，而融合了教学平台和社交媒体的信息化学习环境，显著提升了学习效率和体验，有效激发了学习者的积极性。

教学平台不仅是资源的汇聚地，更是学习之旅的起点，它为学习者提供个性化支持。它通过明确的导学指引和课程导航，帮助学习者有条不紊地进行学习。学习者能借此评估课程适用性，自主设定目标、规划时间、分配精力，并探索最佳学习路径。同时，平台上集成的视频教程、辅助材料及社交媒体功能，极大地便利了学习过程，加速了知识吸收。

社交媒体工具精准对接了学习者的个性化学习诉求。具体而言，论坛成为学习交流的核心阵地，学习者在此发起主题讨论，围绕主题进行深入交流，从而巩固学习成效。借助虚拟教室功能，学习者能够直接连线教育者或邀请行业专家进行实时互动与讲座，这种即时性增强了学习的沉浸感。同时，人际沟通工具让信息分享、观点表达和资源交换变得迅捷，促进了学习者间的互动。此外，资源分享平台让学习者能够展示自己的学习成果,并分享心得体会,进一步丰富了学习体验。总之,多样化的社交媒体工具助力学习者达成个性化学习目标,满足其独特的学习需求,同时也促进了学习社群的形成,提升了交流互动的频次与质量,增强了学习共同体的凝聚力。

而一个信息化的教学环境,无疑为激发学习者的自主学习热情提供了肥沃土壤,鼓励学习者主动投身在线学习之旅。在这一过程中,学习者不仅吸收与内化各种学习资源,还通过创新实践,逐步实现个性化的学习目标,进而推动个人能力与综合素质的全面提升。

(二) 教学内容半结构化

MOOC 的非结构化教学特点,为知识的创造与革新提供了肥沃土壤;相对而言,xMOOC 的结构化教学内容则更有效地促进了知识的传播与深入理解。观察两者的发展历程,我们可以明显看到,它们的教学内容都在向半结构化方向演进,旨在更好地适应全球范围内不同水平学习者的多样化需求。教学者通过展示清晰的教学大纲与计划,帮助学习者建立学习预期,进而自主设定个性化的学习目标与规划,使学习活动更加有序地进行。值得注意的是,教学内容并非静止不变,而是随着教学实践的深入,通过不断的反馈与迭代实现动态更新。在这一过程中,教学平台通过记录学习者的多种学习行为(如视频观看次数、论坛发帖与回帖频率、登录时长等),积累了庞大的学习数据。教学者运用学习分析技术,深入挖掘这些数据背后的信息,精准把握学习者的学习进度与成效,进而对教学内容进行灵活调整与重构。这种基于数据的决策方式,确保了课程设计既能满足大规模学习者的基本需求,又能根据实时反馈进行微调,以更好地适应多元文化背景下的各类学习者。最终,学习者的学习数据与反馈成为推动教学内容持续优化、教学方式不断改进的强大动力,确保了教育质量的持续提升与个性化学习目标的实现。

(三) 教学互动常态化

MOOC 中的交流互动,作为知识深化与创新的催化剂,涵盖了人机、师生及生生间的多维度互动。

教学微视频通过模拟课堂、仿真教学等，创造了一对一的沉浸式学习体验，辅以即时测试与反馈，增强了人机互动，保持学习专注。利用社交媒体，教师与学习者能即时沟通，实现面对面答疑与情感交流，提升学习满意度。

学习者背景的多样性，结合社交媒体的便捷性，自然催生学习社群。社群内，学习者相互探讨、解答疑惑、共享资源，深化学习层次，拓宽知识边界，同时强化集体归属感，共同提升学习成效。

总之，MOOC 中的教学互动无处不在，让在线学习也能享受面授般的互动乐趣，促进师生共同成长，增强学习沉浸感与满意度，从而提升整体学习质量。

（四）教学评价智能化

MOOC 的教学评价体系融合了教师、同伴及学习者自评，运用嵌入式小测验、在线课后测试、章节作业及考试等多种手段。智能化评价系统不仅保障了教学的顺利进行，还推动了学习者的个性化学习进程。学习之初，通过前置测试进行初步评估，明确学习者的基础与层次，从而定制学习路径。只有完成当前阶段的学习目标，学习者才能顺利进入下一环节。

MOOC 平台实时收集学习数据，并运用学习分析技术深入追踪、分析这些数据。这既为教学双方提供了即时的学习反馈，又成为调整教学内容、优化教学方法的数据基础，最终促进学习者个性化学习体验的提升。

（五）教学组织人本化

MOOC 教学模式的核心在于其以学习者为中心的教学哲学。在内容构建上，它针对不同层次的学习者设定差异化的学习目标，并配备丰富多样的教学资源，以充分满足每位学习者的个性化需求。在指导策略上，通过提供详尽的学习指南与思维导图，为学习者铺设清晰的自主学习路径，有效防止学习过程中的迷失感。教学实施过程中，教师精心策划符合学科特性的模块化微视频，并伴随即时的反馈机制，确保学生的注意力集中，加速知识内化。在评价体系中，全面收集并分析学习数据，不仅帮助学习者自我监控学习进度，也为教师提供了调整教学内容与方法的宝贵依据。此外，MOOC 还注重学习的后续跟进，通过邮件提醒、公告发布等方式，在关键学习节点激励学习者持续参与。综上所述，MOOC 构建了一个高度互动的在线教学环境，让学习者即便在远程学习中也能享受到类似课堂互动的乐趣与成效。

二、MOOC 的发展机遇与挑战

（一）发展机遇

1. MOOC 使更多的学习者接受高等教育

随着 MOOC 平台的蓬勃发展，众多高校纷纷加入合作行列，同时也有部分高校自主研发平台，以此促进高质量课程资源的广泛共享与交流。由于平台上大量课程由国内外顶尖学府免费提供，并实现了全球范围内的广泛传播，使得全球学习者都能便捷地获取到国内外优质教育资源。MOOC 的普及极大地拓宽了教育的边界，被形象地比喻为一所门槛低、无界限、无围墙的"大学"。这一趋势显著增强了高等教育的普及性和公平性，让更多人有机会享受到免费的高等教育，从而推动了高等教育的民主化进程。

2. MOOC 引发高校在实践和教育方法上的改革

MOOC 作为高等教育领域的一项革新，其倡导的教育信息化理念激发了传统教学模式的革新。作为一种颠覆性的教学形态，MOOC 超越了传统课堂的时间与空间束缚，为学习者开辟了具备无限可能的学习空间。平台开发者紧贴学习者的在线学习需求，持续优化平台与课程内容，同时教育者也能借助多样化手段实现高效沟通。这种大规模、开放性的课程设计，完美契合了现代教育的需求，真正将学生置于学习的核心，激发其内在动力。MOOC平台的诞生，标志着对传统教育观念和课程体系的深刻变革与创新。

3. MOOC有助于促进高等教育国际化

当前MOOC的蓬勃发展正加速推进高等教育全球化进程，成为时代不可阻挡的趋势。通过课程共享，MOOC不仅加深了国内外学生间的互动与理解，实现了教育资源的优化配置，还成为知识文化传播的新阵地，为高等教育国际化注入了强大动力，显著加快了其国际化步伐。

（二）发展挑战

1. 引发MOOC教育领域的"马太效应"

MOOC平台的崛起对高校发展构成了新的挑战。从资源共享的角度来看，当前主流MOOC平台上的课程大多源自欧美发达国家，这一现象反映出学习者在获取教育资源时，愈发倾向于依赖欧美资源。长此以往，可能会加剧教育领域"马太效应"，即教育强国的教育影响力和覆盖范围将持续扩大，而非教育强国的高校则需直面日益严峻的竞争压力与挑战。

2. MOOC质量保障面临巨大挑战

MOOC的质量保障体系构建始终是一项复杂且亟待解决的难题。尽管近年来MOOC平台迅猛发展，对高等教育领域产生了深远影响，但仍不乏质疑之声，主要集中在MOOC的课程质量是否能与正统大学课程相提并论，以及其长远发展的实际成效如何。此外，相较于传统面对面教学，MOOC的自主学习模式依赖于网络环境，这一特性也引发了对于考试诚信问题的关注，特别是潜在的作弊行为，它可能直接削弱学习成效并损害认证证书的公信力。因此，如何有效保障MOOC的教学质量，成为其持续发展道路上的一大考验。

综上所述，尽管面临诸多挑战，MOOC仍为高等教育未来的革新与发展开辟了崭新的可能性，带来了前所未有的机遇。

第六章 新时代高校教育教学改革与管理的实践研究

第一节　新时代高校教育教学改革的创新实践

一、新时代高校教育教学改革的特点

（一）以信息技术为驱动的教学模式变革

信息技术的飞速进步深刻重塑了教育教学模式，使之成为当代高校教育的鲜明特色。这一特色教学模式的核心，在于融合先进的信息技术手段与传统教学方法，旨在通过科技赋能，显著提升教学质量与成效。

首先，信息技术极大地丰富了教学手段与平台。教师们能够借助多媒体、网络及远程教育等现代方式，以更加直观、有趣的形式传授知识，有效激发学生的求知欲，提高学生的参与度。而学生，则能借助互联网随时随地接入学习资源，拓宽知识获取的边界，实现更高效的学习。

其次，由信息技术引领的教学法着重于激发学生的创造潜力与创新意识。传统教学模式下，学生常常处于被动的知识接收状态，鲜少有机会进行实践探索和深度思考。然而，信息技术的融入为教育带来了革新，它让学生置身于虚拟实验室、模拟实训、课题研究等多样化的学习场景中，极大丰富了实践体验。学生在解决真实世界问题、进行创新性探索的过程中，不仅能锻炼独立学习的能力，还能磨砺创新思维和协作精神。

除此之外，信息技术的深度融合为教学评价与学生反馈体系注入了新的活力。传统纸笔考试的局限性在于，它们往往仅能粗略衡量学生对知识的掌握程度，而难以全面反映学生的能力全貌和潜在天赋。相比之下，借助信息技术，教育者能够采用网络作业、在线测评、虚拟实验等多种创新评估手段，这不仅能让教师从多个维度深入了解学生的学习状况，还能基于这些详尽的反馈，为每位学生提供量身定制的指导和支持，促进个性化教育目标的实现。

总而言之，信息技术引领下的教学模式转型，为当代高等教育开启了前所未有的机遇窗口，同时也带来了一系列挑战。教育工作者肩负着与时俱进的责任，不仅要更新教学理念，还要精通信息技术的运用，善于整合各类教学资源与工具，致力于培养具有创新精神和适应力的优秀人才。与此同时，学生应积极拥抱这一变革，主动参与信息技术赋能的教学活动，持续提升自主学习能力和创新思维能力。唯有教师与学生齐心协力，方能推动高校教育的持续革新与前行，共同书写教育现代化的新篇章。

（二）以学生为中心，强调个性化和差异化教学

在当代高等教育的背景下，以学生为核心的教学理念日益凸显并被广泛实践。不同于以往教师主导、学生被动接收的传统教学模式，教育界的理念正逐步转向以学生为中心，力求满足学生日益多元化的学习需求。这意味着教育方式的革新，要紧密贴合学生的个性化诉求和差异化学习路径。个性化教学的核心在于，针对每位学生的独特性格、能力水平和兴趣点，量身定制教学计划。鉴于每位学生皆独一无二，拥有各自的学习偏好、风格及潜能，教育者应当倡导个性化教学，深入了解每位学生的个人需求，灵活运用多样的教学方法和资源，以适应其学习节奏。如此一来，每位学生在学习旅程中都能获得针对性的指导与关怀，从而激发潜能，实现全面发展。

差异化教学策略强调根据学生个体的学习需求和能力差异，实施定制化的教学计划。鉴于学生间存在的知识基础、理解速度及学习风格的多样性，教育者需灵活变通，针对不同学生调整教学内容与进度。具体而言，分组教学是一种有效手段，它将学生按照相近的学习水平划分成小组，促进同水平学生间的相互学习与合作。此外，教师还可设计多层次、多类型的作业，以适应学生各异的学习需求，确保每位学生都能在适合自己的挑战水平上成长。

秉持以学生为中心的教学理念，教育者需深刻认同并维护学生在学

习过程中的主体角色，着力点燃其学习热情，挖掘其内在潜能。教师应转型为学生的引路人与启迪者，鼓励他们勇于探索未知，培养问题解决能力，同时推动自主学习与批判性思维的养成。以此为导向，学生不仅能够提升学习效能，更能全方位提升个人素养。

综上所述，以学生为中心的教学观核心在于个性化与差异化教学的实践，强调对学生成长需求的尊重与响应。在当今高等教育领域，教师需重塑自身定位，将学生视为教学活动的核心，细心关照其个性化诉求与制定差异化学习路径，全力助推学生的综合成长。唯有如此，教育方能紧跟社会变迁的步伐，为未来的创新发展提供源源不断的动力。

（三）教学方法多元化，实践教学的重要性

在当今高校教育体系的革新进程中，教学方法的多样化成为一股不可忽视的潮流。随着教育技术日新月异的进步与信息技术的全面渗透，传统以教师为中心的讲授模式已不再是教学的唯一路径。一系列新颖的教学策略，诸如以问题为中心的教学法、合作式学习模式及案例分析法等，正为师生双方开辟出更为广阔的教学互动空间与选择余地。

首先，以问题为导向的教学方法显著促进了学生的主动探索与问题解决能力的提升。在这种教学框架下，教师不再是单纯的知识传递者，而是转变为问题的设计者与引路人，他们巧妙地设置一系列实际问题，以此激发学生的好奇心与求知欲。学生在教师的启发下，积极投身于思考与实践之中，在亲身解决这些问题的过程中，不仅深化了对知识点的理解与应用，还极大地增强了自我学习的动力与能力。

其次，合作学习模式凸显了团队协作与共同努力的价值。在此模式下，学生们被组织成若干小组，通过集体讨论、协作来完成任务或共同应对挑战。这一过程不仅促进了学生间的积极互动与深入交流，还显著提升了他们的团队协作能力与问题解决技巧。小组成员间能够相互学习、取长补短，从不同视角审视问题，进而拓宽了学习的视野，深化了理解的层次。

最后，案例教学法亦是一种高效的教学策略。它通过将理论知识与真实世界案例相结合，使学生能在模拟或真实的情境中运用所学，实现理论与实践的无缝对接。教师精选具有代表性、贴近实际的案例，激发学生的探究兴趣，引导他们独立思考、深入分析，从而有效锤炼其分析判断与解决问题的能力。同时，案例教学还以其生动性和实用性，激发了学生的学习兴趣，提升了教学成效。

综上所述，面对新时代的高校教育挑战，教学方法的多元化与实践教学的强化显得尤为关键。融合问题导向、合作学习、案例教学等多种新型教学模式，不仅能显著提升学生的学习成效，还能激发其创新思维与解决问题的能力。更重要的是，加强实践教学环节，确保学生能将所学知识灵活应用于实际，真正做到学以致用。因此，高校应积极探索并广泛推广这些先进的教学方法，为学生营造更加优质、高效的学习环境，助力其成长为社会的栋梁之材。

二、新时代高校教育教学改革的目标

（一）培养应用型、复合型、创新型人才

新时代高校教育的核心目标之一是培育兼具实践能力、复合知识背景及创新精神的人才。为此，高校教育需强化对学生实践操作的锻炼和创新思维的启迪，以契合社会对多元化、高素质人才的需求。

首先，高校教育体系需聚焦于应用型人才的培养，这类人才需精通专业理论并能灵活应用于职场实践，具备独立解决复杂问题的能力。为此，高校应加大实践教学的比重，设计一系列实践性强的课程与项目，让学生亲手操作，从而在实战中锤炼其解决问题的能力。

其次，新时代高校还肩负着培养复合型人才的使命。复合型人才意指在某一专业领域深耕的同时，也广泛涉猎其他学科知识，拥有跨领域视野与创新能力的人才。高校应倡导学生广学博识，设置跨学科课程，构建

多元化学习平台，以促进学生综合素质与创新思维的全面提升。

最后，培养创新型人才同样是高校教育不可或缺的一环。这类人才勇于突破常规，善于在各个领域提出新颖见解与解决方案。高校应积极引导学生参与科研活动与创新实践，提供充足的资源与支持，激发他们的探索精神与创造力，培养出敢于挑战、勇于创新的新时代人才。

简言之，新时代高校教育的核心目标之一，在于塑造应用、复合及创新兼备的人才。通过强化实践教学、学科交叉融合及鼓励创新实践，高校应全面提升学生的实操、综合及创新能力，以匹配社会发展的迫切需求。唯有如此，方能培养出既懂应用、又跨领域、还具创新思维的人才，更好地迎接社会挑战，推动发展进程。

（二）知识和技能并重，注重学生素质全面提升

新时代高校教育强调知识与技能并重，深知除了单纯的理论学习，更需学生能将所学转化为解决实际问题的能力。为此，高校应双管齐下，既重视知识传授，也强化技能培养，致力于培育出全面发展的高素质人才。

首先，高校应致力于知识的全面覆盖与深化。应当超越传统课程框架，积极倡导跨学科探索与学习。以计算机专业学生为例，他们不仅要深耕计算机科学的核心理论，还需广泛涉猎电子工程、软件开发、人机交互等领域，以此构建更加宽广且深刻的知识体系。

其次，高校应同样重视技能的锤炼。除了理论知识，实操能力同样不可或缺。通过精心设计的实践课程、宝贵的实习经历及丰富的项目实践，我们为学生搭建了从理论到实践的桥梁。特别是在工程类专业，学生需亲历实验设计、项目实施的全过程，这一过程不仅锻炼了他们的动手能力，更提升了其面对问题、解决问题的能力。如此，学生在毕业之际将更具竞争力，能迅速适应并满足职场的需求。

最后，高校应不仅聚焦于知识与技能的培育，更应致力于学生整体素质的全面提升。鉴于学生乃未来社会的基石，他们应拥有坚实的道德品质、崇高的情操及乐观向上的人生态度。为此，高校应积极引导学生参与

社会实践、志愿服务及文化活动，以此培养其社会责任感与团队协作精神。同时，对学生创新精神与创业潜能的激发亦不容忽视，通过精心设计的课程体系与创新创业实践平台的搭建，唤醒学生内心的创意火花与创业梦想。为确保学生素质的全方位提升，高校应构建一套综合性的评价标准与个性化培养方案。在评价体系中，除了基础的知识与技能考核外，应当尤为关注学生的综合素质，包括学术探索能力、创新思维、人际交往等多维度能力的评估。这一全面性的评价机制使高校能够精准把握学生的成长轨迹，从而为他们量身定制更为贴切的培养策略。综上所述，新时代的高校教育矢志于打造兼具应用、复合与创新特质的精英人才。在知识传授与技能锤炼上，力求全面且实践导向；在学生素质培育上，则强调品德修养、社会责任及创新创业能力的综合提升。这一系列举措将为学生未来面对社会挑战时增添更多自信与从容。

（三）培养学生持续自主学习的能力和习惯

新时代高校教育核心目标之一，是培养学生持久的自主学习能力与习惯。面对知识爆炸与信息日新月异的挑战，终身学习能力成为学生适应社会发展、实现个人价值的基石。故高校教学应着重强化学生的自主学习习惯与技能。

首先，构建一个有利于自主学习的环境是提升学生自我驱动学习能力的基石。高校需打造诸如图书馆、静谧自习室等学习空间，并配套丰富的资源。同时，提供信息检索技巧培训、学习方法指导及学术咨询服务，为学生自主学习保驾护航。此外，通过举办学术盛宴如讲座、交流会等，点燃学生的学术热情，引导他们主动探索未知。

其次，激发学生的内在学习动力，是培育其持续自主学习能力的不二法门。教师可以通过明确学习目标、组织研讨班、引领学生涉足科研实践等途径，激发学生的好奇心与求知欲。同时，鼓励学子参与学术竞赛、科技创新项目，并设立奖项以表彰优秀典型，从而进一步增强他们的学习驱动力与自主学习意愿。

最后，促进学生自主学习的持续能力，关键在于传授并深化其学习方法。学习方法是自主学习的基石，涵盖了从规划、执行到反思的全过程。高校教师可担当引导角色，教授学生任务分解、计划制订、时间管理等高效学习策略。此外，通过策略培训与工作坊，为学生提供技巧性指导，旨在优化其学习成效，并根植自主、持续的学习习惯。

综上所述，新时代高校教育的核心任务之一，便是培育学生持续自主学习的本领与习惯。这要求高校不仅要营造优越的学习环境，还要激发学生的内在学习动力，并高度重视学习方法的传授与运用。唯有如此，方能培养出既符合社会需求，又具备创新精神的复合型人才。

三、新时代高校教育教学改革的方法

（一）创新教学方法，以信息技术为支撑的混合式教学

新时代高校教育的鲜明特色在于教学方法的创新，特别是在信息技术飞速发展的背景下，混合式教学模式蔚然成风。该模式巧妙融合传统面授与网络教学的优势，赋予学生更加灵活多元的学习路径。

首先，混合式教学借助信息技术的力量，实现了教学内容的多样化展示。它超越了传统课堂的口头讲授与幻灯片展示，引入了多媒体教学素材、在线视频教程及互动性强的课件，让知识传授变得直观且富有活力。同时，网络教学平台的运用，赋予了学生自主学习的广阔空间，使他们能更深入地探究和理解所学内容。

其次，混合式教学模式极大地促进了学生的积极参与与互动交流。与传统课堂中的单向知识灌输不同，它鼓励学生成为学习过程中的主体，通过线上论坛讨论、小组协作学习等形式，与教师及同伴进行深入的问题探讨与难题攻克。这一过程不仅锻炼了学生的自主学习能力，还强化了他们的团队协作能力、沟通技巧及解决问题的能力。

此外，混合式教学为学生开辟了更为丰富的学习资源宝库与更为广

阔的学习空间。相较于传统模式的时空局限，它借助网络平台，整合了海量学习资源，让学生能便捷地观看教学视频、阅读电子书籍、参与在线评估，从而充实学习内容，拓宽知识边界。同时，这一模式还为学生搭建了与业内专家、国际学者交流的桥梁，促进了学术思想的碰撞与合作。

综上所述，以信息技术为基石的混合式教学法，无疑是新时代高校教育创新的关键一环。它能够灵活应对学生多元化的学习需求，激发其主动性与互动性，同时极大地丰富了学习资源的广度与深度。因此，在高校教育持续进化的征途中，我们应坚定不移地推动教学方法的创新，探索与现代教育理念相契合的教学模式，致力于为学生构建一个更加优质、高效的学习环境。

（二）实施小组协作、项目导向的教学模式

新时代高校教育教学中，小组协作与项目导向教学已成为核心方法之一。该模式鼓励学生组成团队，通过协作学习和实践项目，有效提升创新思维与问题解决技能。

首先，小组协作教学模式能显著增强学生间的互动与合作。置身于小组环境中，学生们共同面对挑战、探讨解决方案，这一过程促进了相互间的支持与学习，助力各自学业成绩的提升。讨论过程中，观点的碰撞与经验的分享，不仅拓宽了学生的知识视野，还激发了他们创新思维的火花。

其次，项目导向的教学模式实现了学习与实践的无缝对接。它赋予学生具体项目任务，要求他们在实际操作中应用所学，这种"做中学"的方式深化了学生对知识的理解与掌握。同时，项目学习也是对学生团队合作与问题解决能力的有效锻炼。学生在项目实施中，通过亲身实践检验学习成果，并在此过程中获得即时的反馈与指导。

最后，小组协作与项目导向的教学模式在培养学生创新能力与实践能力方面也展现出独特价值。在小组协同作战中，成员间思想碰撞频繁，激发彼此的创新潜能，共同探索未知，解决难题。而在项目导向的学习中，学生直面现实挑战，需灵活运用新颖方法与策略应对，这一过程极大地锻炼了其实践操作与创新能力。

综上所述，小组协作与项目导向的教学模式在新时代高校教育体系中占据着举足轻重的地位。它不仅加深了学生间的交流与合作，还让学生在真实环境中实践所学，促进创新思维与实践能力的双重提升。因此，高校教育应积极拥抱这一教学模式，为学生提供更为丰富、实践导向的学习路径。

（三）建立校企合作的实践教学平台

新时代高校教育教学中，构建校企合作的实践教学平台是关键一步。此平台通过与企业紧密合作，增强教学的实践性，有效提升学生的动手能力和解决实际问题的能力。

首先，校企合作为学生搭建了将理论知识转化为实践经验的桥梁。通过参与企业实习项目，学生得以亲身融入真实工作场景，掌握实际操作技能，并洞悉企业运营机制，从而积累宝贵的实践经验。这一过程不仅强化了学生的专业技能，还加深了他们对专业知识实际应用的理解。

其次，校企合作还促进了高校教师与企业专家之间的深度合作与互动。教师们得以汲取企业界的最新实践智慧，进而优化教学内容与策略，确保教学紧跟时代步伐。双方更可携手开展研究合作，共同攻克实际难题，这种紧密合作不仅提升了教师的专业素养与教学能力，也为学生带来了更加贴近行业需求的课程内容。

最后，校企合作也为学生的就业与职业发展铺设了道路。紧密的校企联结为学生拓宽了实习与就业渠道，使他们能更早接触职场，积累宝贵经验。同时，合作企业提供的培训资源与职业晋升机遇，为学生职业规划提供了有力支持，助力他们明确方向、稳步前行。

在构建校企合作的实践教学体系过程中，高校需深化与企业的沟通机制，确保双方权益得到有效维护。建立稳固且持久的合作关系，并在协议之中明确合作条款，是双方达成共识、协同推进教学实践的基石。

综上所述，校企合作构建实践教学平台，是新时代高校教育改革的

一大步。此模式通过融合企业资源，极大地增强了教学的实践性，有效锤炼了学生的实操技能与问题解决能力。高校应强化与企业的交流合作，确保双方利益最大化，在教学领域实现优势互补，携手推动高校教育的繁荣发展。

（四）培养师生双向交流和反馈的教学环境

新时代高校教育教学中，强化师生双向交流与反馈机制至关重要，这是达成教学目标的关键。为营造优质教学环境，需实施多项策略以促进有效沟通。

首先，教师应秉持开放态度，主动倾听学生心声，细致捕捉他们的学习需求与困惑。借助定期的班级集体讨论及与个别学生的深入交流，教师能精准把握学生对知识掌握的程度及遇到的障碍，进而灵活调整教学方案，实施更具针对性的个性化辅导，从而优化教学效果。

其次，教师还应积极激发学生参与课堂互动的热情，致力于培养他们的表达技巧与批判性思维能力。通过组织小组讨论、设置问题解答环节及引入案例分析等多元化教学活动，鼓励学生勇于发声，分享见解，并在与同伴的思想碰撞中拓宽视野、深化理解。这一过程不仅丰富了他们的知识库，更在无形中强化了他们的合作精神与团队协作能力。

再次，教学过程中，教师应采用多元化评价体系，及时给予学生反馈。除传统笔试外，还应引入课堂演讲、小组合作任务、实验报告等多种形式，以更全面地评估学生。这样的评价方式能更好地发现学生潜力与需求，并通过及时、精准的反馈，激励学生积极反思与自我提升。

最后，为了营造积极的师生互动氛围，学校应构建一套全面的教学反馈体系。通过实施教学评估，并广泛征集学生的教学见解与建议，学校可即时掌握教师教学效果与学生学习感受，持续提升教学质量。同时，学校应激励教师投身教学研究与创新，提供必要的培训与职业发展平台，以此促进教学环境的持续优化与升级。

综上所述，构建以师生双向沟通与反馈为核心的教学环境，是新时代高校教育不可或缺的特质。这需要教师用心倾听与关怀，学生积极投入与表达，以及学校有效评估与持续改进的共同努力，以确保教学目标的圆满实现，并为学生综合素质与能力的培养奠定坚实基石。

四、新时代高校教育教学改革的应用

（一）在线教育和远程教育的实践应用

在新时代的高校教育领域，在线与远程教育已成为不可或缺的一环。信息技术的迅猛进步正深刻改变着教育模式，网络技术的广泛应用彻底打破了学习的时空界限。由此，在线教育与远程教育作为缩小地域差距、拓宽学习路径的关键手段，正日益彰显其重要性。接下来，我们将深入剖析这两种教育模式在高校教学中的实际运用。

首先，在线与远程教育极大地便利了高校教育教学的开展。学生们无须亲临校园，仅凭互联网这一媒介，便能轻松获取丰富的教学资源与个性化指导。同样，教师也能跨越地理界限，在网络上开展教学活动，与学生实现即时互动，有效消除了时间与空间的阻碍，使教学过程更加灵活且高效。

其次，在线与远程教育为学生开启了更广阔的学习空间。传统高校教育的地域性限制被彻底打破，学生现在可以通过网络平台，自由选择心仪的课程与学习资源，与来自五湖四海的师生共同探讨学术，交流心得。这一变革不仅极大地丰富了学生的学习体验，还促进了教育资源的跨地区共享与合作。

最后，在线与远程教育在推动终身学习方面展现出了重要的意义。在当今社会，知识更新速度迅猛，终身学习已成为个人成长的必然选择。在线与远程教育的出现，为各年龄层、各职业背景的人群搭建了便捷的学习桥梁，使终身学习不再遥不可及。无论是职场人士、退休老人，还是家庭主妇，都能根据自身需求，在这些平台上找到适合的学习资源，持续精

进自我,提升个人能力和素养。

综上所述,在线与远程教育为新时代高校教育教学的实践应用带来了革命性的变化,具有显著优势。它们不仅增强了教学活动的灵活性,拓宽了学习资源的边界,更为终身学习的实现铺设了坚实的道路。这对于培养符合新时代发展需求的高素质人才,具有不可估量的价值。因此,在新时代的高校教育体系中,我们应深刻认识到在线与远程教育的独特魅力,持续探索并创新教学模式,使其在实践中发挥更加积极的作用。

(二)实践教学的应用

实践教学在现代化高校教育中占据核心地位,它在教学环节中扮演着至关重要的角色。通过将抽象的理论知识融入具体实践中,实践教学极大地丰富了学生的学习体验,使他们能在实践中深化对知识的理解,并熟练掌握相关技能,最终将所学知识灵活应用于实际场景。

首先,实践教学显著提升了学生的动手能力。它为学生创造了更多主动探索与操作的机会。在亲身参与的实践活动中,学生们不仅能够直接面对问题、寻找解决方案,还能在实践中不断试错、修正,从而逐步掌握并精进实际操作技能。这一过程不仅验证了理论知识的实用价值,还加深了学生对理论知识的理解和内化。

其次,实践教学在激发学生的创新潜能与创造力方面同样功不可没。它将学生置于真实世界的挑战之中,迫使他们跳出常规思维框架,寻求新颖独特的解决方案。这一过程不仅锻炼了他们的独立思考与探索精神,还显著提升了其解决问题与创新能力,为他们在未来社会中的持续成长与适应奠定了坚实基础。

再次,实践教学也是培养学生团队协作能力的重要途径。在实践活动中,学生需携手合作,共同应对难题。这一过程中,他们学会了如何有效沟通、如何尊重并融合他人的观点,以及如何在团队中协调一致、共同前行。这些宝贵的团队合作与协调能力,对于他们日后的职业生涯,特别是在团队协作日益重要的今天,具有不可估量的价值。

最后，实践教学在塑造学生职业素养与综合能力方面展现出巨大价值。通过亲身参与实践活动，学生不仅能深入理解并适应职场环境的种种要求，还能逐步培养出面对变化与挑战时灵活应对与解决的能力。此外，实践教学还是一座桥梁，连接着校园与社会，为学生提供了与各界人士交流互动的宝贵机会，从而促进了他们人际交往与社交技巧的提升。

综上所述，实践教学在现代化高校教育体系中的融入，意义深远而重大。它不仅是增强学生动手能力、激发创新思维与团队合作精神的催化剂，更是提升学生职业素养与综合能力的关键所在。因此，高校应当不遗余力地推动实践教学的深入实施，力求为学生提供一种更为全面、深入的学习体验，助力他们成长为符合社会需求的高素质人才。

（三）创新教学的应用

创新教学在现代化高校教育中占据核心地位，旨在响应时代变革，着力培育学生的创新精神与实践能力。其应用不仅旨在优化教学质量，更是确保高校教育紧跟时代步伐，保持竞争优势与可持续发展的关键策略。

首先，创新教学聚焦于激发学生的创新思维。与以往侧重于知识灌输的传统教学模式不同，它鼓励学生主动投入并深度思考。通过组织实践性项目、案例研讨及问题解决活动，创新教学旨在培育学生的新颖思考方式，点燃他们的创造力与想象力，使其能够独立思考并寻求创新解决方案。

其次，创新教学要积极拥抱新技术和新方法。科技进步推动了教学手段的革新，而创新教学正是这一趋势的先锋。它充分利用虚拟实验室、在线学习平台及智能教学辅助工具等先进资源，为师生构建了一个多元、灵活的学习环境。借助多媒体与互动式教学手段，创新教学不仅提升了学生的学习兴趣与参与度，还显著增强了教学效果，提升了学生的学习效率。

再次，创新教学格外重视跨学科与跨界合作。鉴于现代高校教育领域内知识界限的日益模糊，它鼓励不同学科与专业间的交融互鉴。通过组织跨学科的项目合作、实验探索及研究活动，创新教学不仅促进了师生之间的深入交流，还强化了学生的综合素质与团队协作能力。

最后，创新教学致力于学生实践能力与创业精神的培育。在当今时代，高校教育愈发重视培养既具创新意识又具创业能力的人才。为此，创新教学精心设计了众多实践性强的学习任务与项目，让学生在实践中将所学知识转化为实际能力，同时锤炼他们的创业精神。此外，它还特别关注学生的问题解决与决策能力发展，力求培养出既有创新思维又具备扎实实践技能的全面人才。

在现代化高校教育教学的转型与发展中，创新教学扮演了关键角色。它旨在激发学生的创新思维，融合前沿教学方法与技术，促进跨学科合作，并强化学生的实践能力与创业精神。这一系列举措有力推动了高校教育的现代化进程，为培育具备创新力与竞争力的高素质人才奠定了坚实基础。

（四）高效教学的应用

在现代化高校教育中，高效教学至关重要。它不仅是增强学习成效与教学效率的核心，也是孕育学生创新与实践能力的沃土。为此，我们应充分利用高效教学的优势，采取科学的教学策略与方法，以优化教学效果，促进学生学业成绩与综合素养的全面提升。

首先，高效教学的实施应高度重视灵活性与个性化定制。这意味着教师需要深入了解每位学生的独特需求与特点，并据此设计出灵活多变的教学计划。例如，针对学生间不同的学习偏好和能力差异，教师可灵活选择教学方法与教材资源，以匹配每位学生的个性化学习路径。此外，教师还需保持敏锐的教学敏感度，依据学生的学习成效与即时反馈，灵活调整教学策略，确保每位学生都能在课堂中获得充分且有效的知识吸收。

其次，高效教学还需将实践与应用置于核心地位。这要求教师在教学过程中，不仅要传授理论知识，更要注重培养学生的实践操作技能与问题解决能力。通过引入丰富的课堂案例、安排动手实验、组织实地考察等实践活动，我们能够帮助学生将抽象的理论知识转化为解决实际问题的能力。同时，鼓励学生参与小组讨论、项目研究等合作式学习，不仅能够锻炼他们的团队协作能力，还能进一步激发他们的创新思维与实践潜能。

最后，高效教学的成功实施离不开有效的评估与即时反馈机制。教师应当定期评估学生的学习进度与成效，并及时提供反馈意见，助力学生发现并纠正学习中的偏差，从而提升整体学习成效。评估手段可涵盖课堂小测试、作业布置、项目报告等多种形式，这些不仅能帮助教师精准掌握学生的学习动态，还能为教学策略的调整提供有力依据，进而实现对学生学习路径的个性化指导。

综上所述，高效教学在现代化高校教育体系中的应用价值不可小觑。它强调灵活性与个性化的教学方案、实践与应用导向的教学内容，以及全面而及时的评估与反馈机制，这些共同作用于提升教学效果与学生综合素养。因此，教师应当积极投身于教学方法的创新与教学策略的优化之中，致力于高效教学模式的实践与应用，为学生的全面发展提供坚实的支撑与科学的引导。唯有如此，我们方能推动现代化高校教育教学迈向新的高度，实现教育质量的持续提升。

第二节　新时代高校教育教学管理的实践研究

一、新时代高校教育教学管理的现代化转型

（一）现代化转型的必要性

中国高校教育亟须进行现代化转型，以应对社会变迁与科技发展的挑战。当前教育环境与需求已发生深刻变化，传统教育模式在培养现代社会所需人才方面显得力不从心。因此，推动高校教育教学的现代化转型，已成为刻不容缓的任务。

首先，现代化转型是响应时代进步的必要举措。在经济全球化浪潮与信息技术飞速发展的背景下，世界日益紧密相连，这对高校教育提出了更高要求——必须紧跟时代脉搏，提供与现代社会需求相契合的人才培养方案。唯有通过现代化转型，我们才能有效培育出适应社会发展趋势的高素质人才。

其次，现代化转型对于提升教育教学质量具有至关重要的作用。传统教育模式往往侧重于知识的单向传授与记忆训练，却在一定程度上忽视了对学生自主学习能力、创新思维及实践能力的培育。而现代化转型则致力于打破这一局限，强调综合素质的全面发展，特别是创新能力、团队协作能力与实践技能的培养，从而确保教育成果更加贴近社会与经济的实际需求。

再次，现代化转型是推进高校教育国际化的必由之路。全球化浪潮下，高校间的跨国合作与知识共享愈发紧密。唯有通过现代化转型，强化自身的国际竞争力，高校方能在全球教育版图中占据更为有利的位置。这一过程不仅意味着引入前沿的教育理念、教学方法与管理模式，更在于深化国际教育合作，扩大国际视野，进而提升高校在全球舞台上的影响力与话语权。

最后，现代化转型还是确保高校教育教学可持续发展的坚实基石。面对传统教育模式所暴露出的应试倾向、学习负担过重及人才培养成效不足等问题，教育现代化转型提供了破局之道。它鼓励高校借鉴国际最佳实践经验，勇于探索教育创新与改革的新路径，以更加科学、高效的方式培养适应未来社会需求的高素质人才，从而实现高校教育的长期繁荣与可持续发展。

总之，现代化转型对中国高校教育而言，既是必由之路也是迫切之需。它旨在顺应时代潮流，提升教学质量，加速国际化步伐，并奠定教育可持续发展的基石。为此，我们亟须制定并实施一系列有效策略与措施，以加速高校教育的现代化转型，使其紧密贴合时代变迁与社会发展的新要求。

（二）现代化转型的过程

为了达成当代高等教育的革新愿景，大学必须着手自身的现代化升级。这一升级并非一蹴而就，而是需要逐步推进，同时需要深入理解教育革新所处的现实环境及其固有属性。接下来，我们将审视这一转变路径，同时剖析其间可能遭遇的障碍与复杂性。

首先，高校在迈向现代化的过程中，应致力于不断优化其教育理念和教学实践。传统教育往往侧重于教师单向的信息传输及学生被动的知识吸收，这种模式已无法满足现代社会的教育需求。鉴于此，高等院校需推动教育革新，倡导以学生为核心的教学理念。这要求教师们承认并强化学生作为学习主体的角色，激发其内在的学习动力和创新精神。与此同时，教育者应勇于尝试各种教学方法（如组织研讨小组、设计问题解决任务等），以此来催化学生自主探索和学习技能的提升。

其次，在高校现代化的进程中，课程体系的革新与教育资源的有效利用同样至关重要。传统的课程安排往往过于僵化且目标模糊，难以适应学生个性化的成长轨迹。因此，大学需着重于课程内容的丰富性和教学质量的精进，确保课程设计能贴合学生的兴趣与职业规划，同时引入更多与社会需求紧密相连的应用型课程。另外，优化教育资源的分配也是关键所在，这包括提升教学设施的现代化程度，为师生营造更优质的学习氛围，以及确保充足的学术资源，以支撑高质量的教育活动。

再次，在高校现代化的转变中，信息技术与教育的深度整合显得尤为重要。鉴于科技领域的迅猛进步，教育科技已然成为推动高校现代化的关键力量。为此，大学应强化对信息技术的普及教育，增强师资队伍的数字素养，确保信息技术能自然地嵌入日常教学环节。借助多媒体演示、在线学习平台等数字化工具，高校可以提供更为灵活多变且交互性更强的教学体验，有效激发学生的主动探究精神和创新潜力。

最后，高校在推进现代化转型时，与社会各界及产业界的深度联动亦不可忽视。大学应当主动拓展与社会各层面的合作伙伴关系，深入洞察公众对高等教育的期待与需求。同时，密切关注行业趋势，适时调整课程架构，确保提供的专业教育能够对接市场所需。借由与社会和产业界保持密切联系，高校得以迅速响应社会变迁与需求变化，适时调整治学方针，从而使教育内容更贴近实际应用，满足社会发展的需求。

总而言之，高校教育的现代化转型构成了当代高等教育发展的核心组成部分。这一转型要求大学系统地革新教育理念与教学方法，聚焦于课程体系的革新与教育资源的高效布局，同时加速信息技术与教学的融合，并深化与社会及产业界的协同合作。唯有通过这样一系列连贯且渐进的举措，现代化的高校教育才能切实达到预期目标。

（三）现代化转型的挑战与困难

在推进高等教育现代化的征途中，我们不可避免地遭遇多重挑战。首当其冲的是技术和物质资源的局限。现代化教育的实施依赖尖端的技术支撑和充足的教学资源，然而在现实中，技术硬件陈旧、实验设施匮乏、图书资料有限等问题时有发生，这些问题无疑限制了教育质量和成效的提升。

我们还需应对教育者观念更新的难题。在中国的高等教育体系内，传统的讲授式教学模式占据主导，部分教师可能过度依赖单向知识传授，而未能充分挖掘学生的主观能动性和创新潜力。而要打破这一固有思维，促使教师群体接纳并践行现代化教育理念,同时培养他们成为兼具创新精神和实践技能的教育工作者,无疑是一项持久且复杂的工程。

另外,在推进现代化转型的过程中,必须妥善处理教学评估与管理体系的革新问题。以往,教学评估侧重于学生学业成绩的高低,而今,现代化教育理念则更重视全方位的学生发展,包括知识掌握、技能提升及创造性思考等多维度能力的培育。为此,构建一个系统化且全面的教学评估框架变得至关重要,该框架需覆盖学生在各学科领域的认知深度、实践能力和创新潜力的综合表现。与此同时,对教师的评估机制亦需与时俱进,力求更加精细化与全面。除了考量学生对教师的反馈,还应当将教师的教学策略、课堂成效及其在教育研究领域的贡献度纳入评价体系,全面衡量教师的专业素养与教学效能。

此外,在推动现代化进程时,必须正视并解决资源分布不均的问题。我国高等教育中,顶尖学府常常汇聚了大量优质资源,相比之下,多数普通高校则面临着资源短缺的困境。这种不平衡不仅阻碍了知识的公平传播,也制约了整个高等教育体系的现代化步伐。因此,迫切需要通过政策调整来改进资源分配机制,促进高校间教育资源的均衡,确保更广泛的学生群体能够接触到高质量的教育服务。

总而言之,中国高校在迈向教育现代化的过程中,遭遇了多重障碍,涉及技术与资源的局限、教职员工传统观念的更新、评估与管理体系的现代化,以及教育资源分配的不公等问题。意识到这些挑战的重要性后,我们必须主动出击、设计并实施有效策略,以克服这些难题,引领高校教育向现代化转型。唯有如此,方能确保我国高等教育体系的现代化愿景成功实现。

二、新时代高校教育教学管理的策略

(一)教育理念的转变

转变教育观念成为推动现代高校教学管理模式革新的核心要素。伴随社会经济的蓬勃发展和知识型社会的形成，陈旧的教育观念显然滞后于现代高等教育的要求。过去，大学教育着重于信息的单向传递，教师与学生间的互动模式偏向于权威主导与纪律约束。但随着时代的演进，高等教育体系必须拥抱理念上的革新，以适应社会变迁的需求。

首先，在教育理念的革新中，需深刻认识到学生主体地位的凸显。与过往学生被动接受知识的传统教学模式不同，现代化高校教育倡导学生的主动融入与自主学习。教师角色由此转变为学习的引路人与知识共创的伙伴，致力于激发学生的求知热情与批判性思维，鼓励学生勇于探索未知，勇于创新实践。

其次，教育理念的更新亦需高度重视素质教育的核心价值。传统教育往往偏重于专业知识的传授，却在一定程度上忽视了学生综合素养的培育。而现代化高校教育则强调全方位发展学生的能力，不仅重视专业知识的学习，更致力于提升学生的创新能力、团队协作能力等综合素质，以应对未来社会的多元化挑战。这一转变，核心在于以学生能力与素质的提升为导向，激发学生的创新潜能，强化其实践能力，确保学生能够在日新月异的社会环境中立足并成长。

再次，教育理念的转变必须将个性化教育的实施置于重要地位。鉴于学生间学习风格、兴趣爱好的千差万别，以及他们对教育资源与学习方式的个性化需求，高校教育应当致力于构建个性化教育方案，以精准对接每位学生的独特潜能与创造力。这一转变要求教育体系更加关注学生的个体差异，营造出一个鼓励个性张扬、潜能挖掘的优质教育环境。

最后，教育理念的革新还需深刻体现教育的社会责任担当。与过往偏重知识传授与个人成长的传统观念不同，现代化高校教育强调在传授知识的同时，更要培养学生的社会责任感与公民意识。这意味着教育理念需明确将为社会贡献作为教育的重要目标，注重培养学生的社会责任感与公民素养，引导他们积极投身于社会进步与变革的洪流中，成为推动社会向前发展的中坚力量。

简而言之，教育理念革新乃现代高校教育策略之基石。聚焦学生主体性、深化素质教育、推行个性化教学并强化社会责任感，是引领高校教育迈向现代化的关键。此转变不仅是策略要点，更需教育者与决策者携手并进，为高校教育注入创新动力，焕发勃勃生机，以培育更多契合社会需求的杰出人才。

（二）教育方法的创新

在现代化高校教育转型之际，教育方法的革新是核心驱动力。传统方法束缚了学生创造力和批判性思维的发展，故为提升教学质量、培育创新型高素质人才，我们亟须采纳多元化的教育创新策略。

首先，我们可以引入以问题为驱动的学习模式。这种模式旨在激发学生的主动探索与思维能力，在解决真实问题的过程中，不仅锻炼他们解决问题的能力，更激发他们的创新意识。现代教育教学正是看重这种由内而外的学习动力。

其次，我们倡导实施个性化教学策略。鉴于每位学生在学习习惯、兴趣及潜能上的独特性，个性化教学旨在量身定制教学方案，以适配每位学生的个体差异。这样的教学模式鼓励学生依据自身兴趣与优势进行学习，从而显著提升学习的自主性与积极性。例如，提供丰富的选修课程选项，鼓励学生自主学习，都是有效促进学生个性化发展的途径。

再次，技术手段在推动教育方法创新中占据了举足轻重的地位。鉴于信息技术的飞速进步，我们得以将这些先进工具融入教育教学中（如开展丰富多彩的多媒体教学和灵活便捷的远程教育）。这些技术手段的运用，不仅丰富了教学手段，增强了教学效果，还使教学内容更加多元化，有助于学生更全面地吸收知识与技能。

最后，我们需重视并引导学生深入实践与创新实践。实践是知识转化为能力的桥梁，更是激发创新潜能的关键。高校应广泛组织各类实践活动，为学生提供广阔的舞台，鼓励他们在实际操作中展现创造力与想象力，从而锻炼出解决实际问题的能力。

总之，教育方法的创新对现代高校教育至关重要。采用问题导向学习、个性化教学、技术融合及强化实践等创新手段，能有效提升学生学习成效与创新思维，加速高校教育向现代化转型的步伐。

（三）教育系统的优化

教育系统的优化是推动现代高校教育教学策略革新的关键环节。传统高校教育模式往往僵化，难以满足学生多元化、个性化的需求。为达成教育现代化目标，我们必须对教育系统进行全面优化，以更好地促进学生的全面发展。

首先，教育系统的学科布局应趋向多元化与灵活性。鉴于现代社会对人才需求的日益多元化，高校教育不应再局限于传统学科的框架之内。因此，在优化教育系统的过程中，我们应积极增设并发展新兴学科，以满足社会对各类专业人才的迫切需求。同时，推动不同学科间的交叉融合，旨在培养具备跨学科视野与能力的复合型人才，以更好地应对社会发展的复杂性与多变性。

其次，教育系统的管理机制亦需革新与优化。传统的行政管理模式往往限制了高校教育的灵活性与创新性。为此，我们需构建学院与学生的自治体系，赋予学生更多参与教育教学决策与管理的机会。同时，建立健全质量监控机制，通过对教师教学质量与课程内容的全面评估与监督，确保教学质量的持续提升与教学效果的显著增强。

再次，教育系统的资源配置亟待调整与整合。过去，高校间资源分配的不均衡现象显著，导致部分高校资源充裕，而某些地区或学校则资源匮乏。为优化教育系统，我们应致力于资源的均衡配置，借助合作机制与资源共享平台，实现资源的优化配置与高效利用。同时，强调教育资源的公平分配原则，确保每位学生都有机会接触到高质量的教育资源，缩小教育差距。

最后，教育系统的完善不可忽视教师队伍的培育与发展。优秀的教师队伍是高校教育的基石，他们凭借深厚的教学功底与专业知识，为学生的成长提供宝贵的引导与启迪。因此，在教育系统优化过程中，需加大对教师的培训力度，促进其教学技能与创新能力的提升。同时，建立健全激励机制与奖励体系，吸引并留住优秀教育人才，为教育现代化进程注入源源不断的活力与动力。

总之，优化教育系统对推动高校教育现代化至关重要。通过丰富学科设置、革新管理机制、均衡资源配置及强化师资队伍建设，能够提升教育质量，有效培育学生的创新精神与实践能力，进而加快高校教育向现代化转型的步伐。

（四）教育资源的整合

在现代化高校教育教学中，教育资源的整合具有核心意义。鉴于社会进步与高校规模扩张带来的资源分散与不均衡问题，阻碍了教育质量的提升，因此，当前高校亟须将资源整合作为关键任务。

首先，教育资源的整合要求构建高校间的协作机制。传统教育模式下的高校间存在竞争壁垒，阻碍了资源的共享与协同。而现代化高校教育则倡导建立一种基于合作共赢的伙伴关系，通过联盟构建或项目合作等形式，促进资源在高校间的自由流动与高效利用。这种整合不仅降低了成本，还拓宽了学生的学习资源渠道，增强了教育的普惠性。

其次，教育资源的整合还需强调多元化策略。高校教育资源涵盖了从师资力量、课程设置到教学设施等硬实力，以及教育技术、教学方法、评价体系等软实力。整合过程中，需全面审视各类资源的独特价值，并巧妙融合。例如，融合线上线下教学资源，打造灵活多样的学习路径；借助优秀教师资源，为其他教师提供成长平台与资源支持。通过多元化整合，构建一个包容性更强、适应性更广的教育生态系统，以更好地满足学生个性化发展的需求。

再次，教育资源整合还需强化教育与产业的深度融合。鉴于高校教育的核心目标之一是培养具备实践能力的人才，故资源的整合需紧密对接产业需求。高校应积极与企业、科研机构携手，建立稳固的合作关系，共

同推进教学与科研活动,实现实践经验与创新资源的共享。这种融合不仅拓宽了教育资源的应用领域,也让学生能更早地融入实际工作场景,从而增强其在就业市场的竞争力。

最后,教育资源的整合需秉持持续性与可持续发展的原则。这并非一蹴而就的任务,而是需要高校长期投入与关注的过程。高校需设立定期评估机制,对资源整合效果进行审视与调整,并勇于尝试新的整合模式与方法。同时,构建可持续发展的体系至关重要,确保资源供给的稳定与利用的高效。这包括搭建资源共享平台,增进校际的资源互通与协作;完善资源管理与分配机制,保障资源的均衡与公平配置。

综上所述,教育资源的整合是现代化高校教育教学中至关重要的一环。它依赖于合作机制的建立、资源的多元化整合、教育与产业的深度融合,以及对持续性和可持续发展的不懈追求。这一策略不仅促进了高校教育教学的全面发展与提升,更是推动其向现代化转型的关键动力所在。

参考文献

［1］王馨，刘心雨．教育数字化转型背景下高校教师角色重塑研究［J］．黑龙江高教研究，2024，42（7）：113-118．

［2］钟海燕，孙阳光．全媒体时代高校思政课数字化教学探索［J］．海南开放大学学报，2024，25（2）：146-153．

［3］陈斌．高校智慧教学综合平台建设研究［J］．中国信息界，2024（3）：162-164．

［4］潘婷，江洁．新媒体时代高校心理健康教育及思政教育优化策略探究［J］．公关世界，2024（13）：24-26．

［5］张立新，袁敬竹，李晓茹．民办高校校园文化建设与思政教育协同育人路径探究［J］．公关世界，2024（14）：154-156．

［6］张秋子．数字化转型下高校线上教学质量监控评价体系建设研究［J］．公关世界，2024（14）：79-81．

［7］王娜．核心素养视域下高校生态文明教育教学体系设计与构建［J］．黑龙江教育（高教研究与评估），2024（7）：32-35．

［8］周辉．数智赋能中医药高校教育教学的现实桎梏与突破路径［J］．湖南中医药大学学报，2024，44（6）：1095-1099．

［9］郭翠翠．基于"扎根理论"的高校思想政治教育认知教学分析［J］．黑河学院学报，2024，15（6）：87-89，123．

［10］孙洪梅．OBE教育理念下高校思想政治理论课教学成效研究［J］．黑河学院学报，2024，15（6）：84-86，109．

［11］范佳烨，施剑波．新媒体语境下国学文化在高校教育中的传承与发展［J］．

汉字文化，2024（12）：29-31.

［12］蔡万巧. 新时代高校教育教学管理革新及可行性研究［J］. 佳木斯职业学院学报，2024，40（6）：188-190.

［13］贾晓彤. 高校人文教育与科学教育融合思路分析［J］. 继续教育研究，2024（8）：109-112.

［14］张至舟，彭佩敏. 网络思想政治教育在高校意识形态中的应用［J］. 河北开放大学学报，2024，29（3）：82-85.

［15］伍永花. 媒介素养教育与高校思想政治教育融合的路径研究［J］. 记者摇篮，2024（7）：60-62.

［16］谢桂袖. 高校思想政治教育中传承红色基因的意义与方法［J］. 现代商贸工业，2024，45（14）：168-170.

［17］马玉真，邵海燕. 高校立体化教学系统建设与实践［J］. 中国现代教育装备，2024（11）：166-168.

［18］张勤. 高校混合式教学质量影响因素及提升建议探究［J］. 科技风，2024（17）：149-151.

［19］林萍萍. 基于创新教育视角下的高校教育管理改革策略研究［J］. 佳木斯职业学院学报，2024，40（5）：127-129.

［20］刘丽莎. 推进高校美育与思想政治教育融合的路径探索［J］. 中国军转民，2024（10）：204-205.

［21］王慧. 高校教育管理协同发展对学生健康心理的引导研究［J］. 湖北开放职业学院学报，2024，37（10）：40-41，44.

［22］郑立利. 人工智能背景下民办高校智慧教学环境构建研究［J］. 湖北开放职业学院学报，2024，37（10）：161-162，165.

［23］王佳欣，朱宝忠，彭剑，等. 高校产教融合教学模式存在的问题与解决策略［J］. 创新创业理论研究与实践，2024，7（10）：184-186.

［24］钱文静. 优秀传统文化融入高校教育教学的价值及路径分析［J］. 汉字文化，2024（10）：40-42.

［25］曾娟．素质教育背景下高校教育教学方式探索［J］．公关世界，2024（9）：135-137.

［26］童俊，王凯，魏宇瞳．高校教师教学能力评价体系构建的研究［J］．湖北工程学院学报，2024，44（3）：114-120.

［27］王晓晶，修永富．教育信息化背景下高校智慧教学环境构建［J］．中国现代教育装备，2024（9）：9-11，15.

［28］孙思．高校学生教育管理模式的变革与创新［J］．山西财经大学学报，2024，46（增刊1）：253-255.

［29］魏晓晓．大数据与高校学生教育管理模式优化［J］．山西财经大学学报，2024，46（增刊1）：260-262.

［30］吕洁．高校PBL教学模式下创新创业教育与专业教育融合路径研究［J］．就业与保障，2024（4）：124-126.

［31］庄严．"双创"背景下高校教育教学改革研究［J］．公关世界，2024（8）：46-48.

［32］郑妮．GA-PCA模型在高校教育管理中的应用效果研究［J］．通化师范学院学报，2024，45（4）：73-79.

［33］曾芳．信息技术助推高校教育管理的优化研究［J］．吉林农业科技学院学报，2024，33（2）：24-27.

［34］胡金焱．在教育强国建设中全面深化高校教育教学改革［J］．山东高等教育，2024（2）：1-8，89.

［35］孟杰．"双创"背景下现代高校教育管理路径研究［J］．产业与科技论坛，2024，23（7）：280-282.

［36］王昌明．三全育人视域下高校思政与企业协同育人模式构建研究［J］．中外企业文化，2024（3）：226-228.

［37］程春．基于创新人才培养的高校教育管理改革研究［J］．佳木斯职业学院学报，2024，40（3）：190-192.

［38］黄小妹．智慧教育时代高校课堂教学管理的价值更新与改革思路［J］．吉

林广播电视大学学报,2024(2):118-120.

[39] 林苇.新时代民办高校教育管理工作中创新管理路径研究[J].科学咨询(科技·管理),2024(3):17-21.

[40] 张茹.新媒体时代背景下高校思想政治教育管理优化策略探析[J].新闻研究导刊,2024,15(5):206-208.

[41] 王慧.基于共同价值观的高校教育管理模式研究[J].黑龙江教师发展学院学报,2024,43(3):78-81.

[42] 史捷龙,刘嘉.高校大学生教育管理实效性的提升途径之研究[J].公关世界,2024(1):169-171.

[43] 裴丽.新媒体环境下高校教育管理信息化建设研究[J].公关世界,2024(2):172-174.

[44] 郝一徽.信息化环境下高校学生教育管理模式转变与应对策略分析[J].现代职业教育,2024(3):149-152.

[45] 秦一雄.高校教育管理工作中渗透"以人为本"理念的有效路径[J].现代职业教育,2024(3):153-156.

[46] 胡宏志.激励理论与高校学生管理工作有机结合内涵、现状与应用[J].湖北开放职业学院学报,2024,37(1):53-54,57.

[47] 马翠凤.终身教育视域下高校教育管理体制改革探析[J].绵阳师范学院学报,2024,43(1):75-81.

[48] 董鹏刚.基于压力和动力角度的高校青年教师教育管理探究[J].西部素质教育,2024,10(1):126-130.

[49] 方汝峰.以提升就业服务质量为目标的高校教育管理措施优化[J].中国就业,2024(1):93-95.

[50] 邢鹏,梁佳艺."五育并举"视域下的高校教育管理优化途径探究[J].中国多媒体与网络教学学报(上旬刊),2023(12):105-108.

[51] 陈婷婷."互联网+"背景下高校教育管理模式的改革研究[J].科技风,2023(33):66-68.

[52] 邹星，毛开梅. 数据驱动下高校教育管理信息化改革价值及对策研究［J］. 中国新通信，2023，25（22）：152-154.

[53] 邓薇. 教育管理从信息化新发展走向智慧管理的具体措施研究［J］. 湖北开放职业学院学报，2023，36（21）：146-148.

[54] 周健，杨琨. 基于"互联网＋"背景下高校教育管理模式的变革与创新研究［J］. 公关世界，2023（19）：126-128.

[55] 戴宛遐. 创新人才培养视域下高校教育管理开展路径研究［J］. 科教导刊，2023（30）：32-34.

[56] 赵思琪. 基于创新教育理念下高校教育管理改革路径探析［J］. 品位·经典，2023（20）：126-128，154.

[57] 文丽. 高校教育管理信息化发展与评估系统构建［J］. 吉林农业科技学院学报，2023，32（5）：30-34.

[58] 李恩华. 信息化环境下高校学生教育管理模式转变与对策分析［J］. 中国管理信息化，2023，26（19）：182-185.

[59] 陈薇. 基于校企合作的高校教育管理人才培养模式探究［J］. 中外企业文化，2023（9）：220-222.

[60] 程春. 新时代高校教育管理数字化建设研究［J］. 食品研究与开发，2023，44（18）：239-240.